Mis Memorias

Mis Memorias

Solo los recuerdos quedan y se sufre más
cuando uno no tiene lo que más ama y uno
necesita volar para encontrar su destino.

Un recuento de mi vida personal

Cipriano Ramirez

Número de Control de la Biblioteca del Congreso de EE. UU.:		2013904101
ISBN:	Tapa Dura	978-1-4633-5305-6
	Tapa Blanda	978-1-4633-5304-9
	Libro Electrónico	978-1-4633-5303-2

Fecha de revisión: 19/03/2013

Para realizar pedidos de este libro, contacte con:
Palibrio
1663 Liberty Drive
Suite 200
Bloomington, IN 47403
Gratis desde EE. UU. al 877.407.5847
Gratis desde México al 01.800.288.2243
Gratis desde España al 900.866.949
Desde otro país al +1.812.671.9757
Fax: 01.812.355.1576
ventas@palibrio.com
443871

Índice

Mis agradecimientos

Antes que nada yo quiero agradecerles a la editorial Palibrio por su apoyo incondicional y por su interés en ayudarme con este sueño que tenía hace tiempo y anhelaba que se hiciera realidad algún día mil gracias a la empresa por su empeño y dedicación para hacer mi historia y su tiempo que me brindaron día con día yo ahora la considero como mi nueva casa para trabajar juntos hasta que dios me lo permita y también quiero darles las gracias a todos que me ayudaron a elabora este libro para yo presentárselo a mis familias y amigos y más que era una meta que yo quería cumplir y solo lo sabía mi novia pero como verán que cosas del destino ella se fue para El otro mundo y es por esta razón que fue mi interés de hacerlo más que nada y también a mi patrón de mi trabajo por creer en mí y ayudarme siempre y ser una persona compresiva y más que nada un amigo gracias Shashika mis respeto para ti y a mis padres que nunca me abandonan aunque estemos muy lejos pero siempre tengo sus mejores consejos y amor y a mis hermanas y hermano por ser parte de mi familia y siempre apoyarnos todos también a mi hija por su compresión y a verme dado el privilegio de ser padre y a todos mis amigos por demostrarme lealtad y nunca olvidarse de mí en todo momento y a mi dios y a la virgen de Guadalupe por cuidarme y darme vida y muchos años para disfrutar de las maravillas de cada día de mi existencia.

Introducción

Es una historia que es muy real sobre mi vida personal donde cuento de todo lo que yo he vivido desde que era niño hasta este momento también de mis sufrimientos mis alegrías los fracasos en mis enfermedades y también como he salido adelante con tantos obstáculos que pase y me he sabido superar día con día gracias a mis sacrificios y empeño en ser mejor persona para poder demostrarle al mundo y a mi familia y amigos que todo en esta vida se puede si uno se lo propone porque lo mejor es ser honesto contigo mismo quererte y amarte tú mismo y quizás aprender de los demás mientras sea por el bienestar de uno y nunca pensar que no podemos salir adelante porque si se puede y para ello hay que ser positivos y sobretodo ser muy sencillos siempre y hay que tener humildad con los demás y darles la mano al que más lo necesita para que en la vida te vaya mejor.

También en algunos momento me han humillado y discriminado por mi acento mi coló y mi origen pero yo jamás he agachado la cabeza porque soy un hombre orgulloso de mis raíces y mi familia pero aún hay muchas personas se portan mal contigo y te hacen sentir mal solo por ser hispano y no tener ojos verdes o azules ni cabello rubio para mi esta gente es ignorante porque lo que cuenta es lo que uno llevamos por dentro que son los sentimientos y donde en verdad uno si tenemos amor en nuestros hogares y ellos son acomplejados.

Aquí también cuento de mi vida como fue de triste donde a veces ya no aguantaba más los problemas persónale y como sufrí por amor a mi familia y mis fracasos en mi matrimonio y en mi relaciones con mis novias y a un más en como yo había cambiado tanto y era egoísta y tenía mucho odio en mi coraza por tantos problemas físicos como mentales algún día tuve que tener terapia para encontrarme con migo mismo y salir de la depresión en la que estuve pasando y solo era en el Alcoholismo que me estaba refugiando para olvidar mis sufrimientos pero en donde me di cuenta que era en un abismo en el que estaba yo atrapado sin poder salir hasta que yo tuve voluntad y fe para dejar todo esto y cambiar por mí mismo y mi familia e hija.

Espero les guste mi historia es triste porque cuando yo la estuve escribiendo era solo en llorar y ponerme triste de lo que fue mi pasado donde ahora yo salí de él y ahora solo pienso en el presenten y amar a mi familia y mi princesa y apoyarla siempre y ser compresivo con ella y educarla como debe de ser aunque estemos separado por qué en donde hay amor no importa la distancia sino saber dar lo mejor de ti gracias a todos y empezamos con mi historia su historia y que la disfruten los quiero mucho.

A mis 19 años

Un día yo regresaba desde new york estados unidos en noviembre de 1991 a mi pueblito en el estado de puebla en México por motivo de una enfermedad de brujería que casi me costaba la vida y sé que mucha gente no cree en esto pero que existe y es muy mala para uno.

Donde uno hasta puede perder la vida por este enfermedad porque es causada por gente bruja por envidiosa y es muy terrible si uno no se la cura a tiempo, yo cada día me sentía muy mal sin deseo de nada estaba como un loco total sin fuerzas no tenía tampoco apetito ni ganas de hacer nada, no me cuidaba ni me arreglaba porque solo quería dormir y dormí y no despertar estaba casi como un murto en vida donde mis hermanos estaban preocupados por mí, yo tenía mucho miedo de perder la vida me daba terror, se siente uno muy débil sin deseo de nada yo jamás le desearía esto a nadie ni a mis enemigos es horrible pasar por esto es lo peor que a uno le puede pasar

Todos mis amigos y familiares me preguntaban que tienes ya no eres el mismo muchacho alegre sonriente al que conocemos que te esta pasa yo sin poder contestar sin ánimos les decía no se no entiendo lo que yo tengo ni siquiera tengo fuerzas de nada yo me siento cada día más débil muy débil creo que me voy a morir no quisiera tener esto también solo recuerdo que le decía a mi hermana Leonor yo creo que me voy a morir hermanita ella se asustó mucho por mi situación y estaba muy preocupada y trataba de ayudarme para ver que tenía pero solo recuerdo que me dijo un día yo creo que tu estas embrujado estos son síntomas cuando alguien te hace una brujería hermano ella trato de darme una limpia como mi madre lo sabía hacer después de hacer esto a ella le dio mucho dolor de cabeza y cuerpo y se mareo mucho se

Sentía mal también yo le dije déjame no te acerques a mí no quiero que a ti también te pase algo malo pero ella exclamo muy asustada tu estas muy mal hermano, yo no sé cómo ayudarte este mal está muy avanzado o es muy fuerte lo que te hicieron, porque yo no tengo el don ni la experiencia para curar este mal, solo alguien que se dedica a esto y sepa cómo sacar este terrible mal, yo me asusté mucho no sabía que hacer creo que mi vida estaba en peligro yo en verdad tenía mucho terror y miedo, estaba muy cobarde.

Mi hermana me dijo tú necesitas ir con una persona que te cure hermano pero yo sé que aquí en new york casi nadie te cura solo te engañan y te roban tu dinero y ni siquiera te ayudan en nada son unos estafadores esta gente que solo engañan para sacarte tu dinero y ni siquiera saben de esto ni tienen el don porque la gente que si nace con esto.

No sabía qué hacer entonces tuve que llame a mi mama y le conté mi situación y ella me dijo hijo necesitas venirte para México; como tú me cuentas tu vida está en peligro, yo muy asustado de saber que me podía pasar algo malo le dije lo sé muy bien madre pero yo tendría que dejar todo mi sueños y mi trabajo y no lo quiero perder también me costó mucho venir aquí, fue muy duro cruzar la frontera y uno sufre demasiado y para uno estabilizarte aquí uno.

Mi madre me respondió y me pregunto que tú quieres perder tu sueño y el trabajo porque tú crees que son más importantes que tu vida, solo tú tienes la respuesta en tus manos quieres venirte a que te curen o perder quizás tu vida, eso mi madre me dijo y me asusto mucho no sabía que hacer tenía que decidir ya en ese momento ablando con mi madre, no lo pensé mucho porque ella tenía la razón, y decidir viajar lo más pronto posible, yo me recuerdo que solo en un día yo compre mi boleto de avión y al día siguiente tome el avión en el aeropuerto John F Kennedy de new york con destino a ciudad de México para reunirme con mis padres y hermanas en México que me esperaban con mucha preocupación y a la vez ilusión.

Recuerdo que mi hermana Leonor y mi hermano Martin me fueron a dejar y mi hermana se despidió de mi llorando en el aeropuerto porque ella me necesitaba aquí mucho, pero también a la vez quería lo mejor para mí y no quería que nada me pasara yo me fui triste pero era algo muy importante una decisión de vida o muerte.

Ya en México mis padres me esperaban en el aeropuerto de México Benito Juárez eso lo recuerdo que los abrase y les dije que los extrañe mucho, y les dije vámonos que quiero ver a mis hermanitas que eran las más chiquitas Laura y Paula, y siempre me recordaba mucho de ellas todos los día pero cuando llegamos ellas ya estaban durmiendo era muy tarde ya pude verlas solo al día siguiente estaban bien lindas mis dos hermanitas eran lo más bonito que tenía mis padres sus dos tesoros.

Al día siguiente recuerdo que mi madre me llevo con una curandera a una ciudad a 30 minuto de mi pueblo y esta señora nos dijo que yo estuve en una fiesta y me pusieron algo en mi bebida que yo tome y no entiendo porque tanta maldad hay en este mundo yo me recordé que solo estuve en casa de unos familiares de parte de mi mama no lo podía creer porque me hicieron esto si yo soy muy buena persona y me ha gustado hacer el bien con mucha gente y aunque no se han portado bien conmigo.

A mí me gusta ser muy sociable con todos el mundo no extiendo porque me han hecho esto yo sé que me han tenido muchas veces envidia en cada lugar en que he trabajo y en el barrio donde he vivido porque no sé qué hecho en esta vida, que quieren de mi yo también soy humano y me gusta tener paz no me quiten lo más valioso que tengo mi vida y la humildad y también supe que alguien me quiso matar por equivocación pero lo malo fue que no sé quién era o fue.

Pero la sorpresa que si me lleve fue que la persona que me hizo estos fue alguien muy cercana a mí, era de mi familia quería matarme, no sé por qué también en otra ocasión me hicieron esto de niño casi ya estaba murto eso me lo conto mi madre, yo he tenido bastante mala suerte con la gente me tiene mucha envidia donde quiera, que es lo quieren de mi yo no tengo fama ni fortuna siempre mente soy como cualquiera un ser humano, y lo que yo tengo y como me visto yo me lo he comprado con mucho esfuerzos trabajando honradamente y a nadie le he quitado nada ni me han dado nada.

Ahora en día yo no tomo nada de nadie si no me lo dan en frente de mí, ya no confió absolutamente en nadie ni siquiera en mi familia para mi todos son extraños pero yo he sabido perdonar por que perdonar sana tu alma y vives tranquilo te sientes feliz y en paz, y más sabiendo que fue alguien de mi familia que me quiso ver murto pero yo no le deseo nada solo que dios los perdone solo él sabrá cuál será su castigo por esta maldad, ahora yo estoy aquí contando mi historia y más vivo que nada y ellos no sé qué fue de sus vidas jamás supe más, pero tampoco saben que los descubrir yo no quiero verlos más, estoy feliz así no sé qué aria si los tuviera enfrente no quiero sentir el mismo sentimiento de matar o destruirlos, no quiero ser más negativo sino un hombre positivo este soy ahora en día ahora quiero que sepan mi familia y amigos que los quiero de verdad los amo a todos no lo olviden, y que jamás tengan envidia por nadie ni sean negativos porque dios existe y está en nuestros corazones.

Encontré el amor

Como les contaba yo regrese a mi bello pueblo donde crecí y estudie, trabaje donde pase mi infancia llore jugué y donde se respira aire puro de los arboles verdes de los campo y que estreno mucho, que se vive una tranquilidad muy bonita, con una población de casi 2000 habitantes en ese entonces.

Bueno sin yo pensar que mi vida estaba a punto cambiar por algo muy bonito estaba por llegar completamente; y disfrutando de las calles de mi pueblo y visitando a menudo a mi única abuelita que yo tenía María de Jesús Castillo en ese entonces como olvida estos bellos momentos me sentía libre como las aves no quería yo volver a la realidad era como un sueño de cuento de Adam muy feliz.

Un día mi abuelita saco un alhajero donde guardaba sus recuerdos personales, y me enseño un anillo de plata con una perla roja, que perteneció a mi tío Alfonso eran el anillo que uso cuando él se casó, para mi abuelita era muy importante ese anillo y me dijo hijo yo te quiero dar este anillo pero promete que siempre lo tendrás contigo y lo cuidaras, y lo usara también yo ahora lo tengo conmigo y a veces me lo pongo como se lo prometí a mi abuelita porque para mí significa mucho era del hermano menor de mi papa y él nos quería mucho y siempre nos cortaba el pelo a mí y a mi hermano era muy buena persona mi tío, nos dolió su muerte de como el murió por que fue asesinado a sangre fría pero toda la mi familia siempre lo recordamos con amor, gracias tío te quiero donde quiera que estés haya en el cielo con dios y donde me estas mirando.

Recuerdo que ya estábamos en diciembre en las navidades y en mi pueblo se hacen las posaditas tradicionales en el pueblo y en todo mi país México es todo un acontecimiento donde los niños se divierten mucho, y donde te dan los tradicionales aguinaldo con dulces galletas cacahuates tejocotes etc. es muy divertido extraño mucho esto bellos momentos y me gustaría ser niño otra vez.

Todos los días me iba a disfrutar de estas tradiciones y justamente yo y una muchacha que vivía cerca de mi casa, siempre nos encontrábamos y nos veníamos juntos para nuestras casas, sin pensar que nuestro futuro estaba marcado ya estaba muy pronto de cambiar en nuestras vidas entre ella y yo.

Ella siempre me invitaba también a que la acompañara a dejar la comida a su papa hasta sus tierras de cultivos yo muy feliz y poco a poco nos fuimos conociendo y nos volvimos amigos, en diciembre 24 del 1992 nos fuimos a festejar las acostaditas tradicionales de los niños dioses que se celebran cada año en mi pueblo, y no fuimos llevando cada día mejor después llego el año nuevo y quedamos de vernos en la procesión de padre Jesús de las tres caídas que se celebra cada año el 1 de enero.

Yo en toda la procesión no la deje de mirar algo me pasaba sentía bonito al mirarla y ver su belleza ese día estaba hermosa más que nunca creo que me estaba enamorado de ella me gustaba mucho pero a la misma vez tenía miedo decirle lo que sentía por ella, por su rechazo y podía perder su amistad y no quería que pasara esto me conformaba con solo ser su amigo.

Después de que termino la procesión ella y su hermana mayor me dijeron no te quieres vienes con nosotras para la casa y yo rápidamente les dije que si era la oportunidad que yo estaba esperando, estaba muy nervioso pero ya no aguantaba lo que sentía por ella después caminando nos paramos a un puestecito de antojitos mexicanos a comprar las tradicionales chalupas unas tortillas fritas con salsa roja queso seco y cebolla y crema muy deliciosas.

Yo muy caballeroso les dije yo pago por ustedes y aceptaron y nos comimos chalupas y más tarde seguimos el camino, ya casi a una cuadra de su casa de ella yo le dije a su hermana mayor yo podría hablar con tu hermana a solas.

Ella me contesto pero que sea rápido que mi papa no le gusta que llegamos tarde yo me arme de valor y le dije que estaba enamorado de ella y si quería ser mi novia me estaba arriesgando a su rechazo de ella o quizás perderla para siempre

Ella me contesto y me dijo yo te podría confirmar mi decisión mañana quiero pensarlo muy bien, yo le conteste rápidamente no por favor yo quiero saberlo ahora en este momento y ella se quedó pensando por un minuto y me respondió que si yo le di mi primer beso, y quedamos de vernos al otro día estaba muy feliz porque me acepto como su novio.

Así fueron pasaron los días y el tiempo yo le comente que me tenía que regresar en febrero para new york por mi trabajo ella me dijo no te vayas quédate aquí yo no sabía que decirle no quería perderla pero también tenía que hacerlo porque me dieron permiso solo para esa fecha en mi trabajo.

Se me ocurrió decirle y si yo hablo con tu papa de que te quiero y que me deje ser tu novio y así yo te llamo cada semana y te escribo pero yo antes le tuve que enseñar porque ella no sabía leer ni escribir; y te prometo que regreso en 2 años para casarme contigo si tú me esperas.

Ella me dijo está bien es una buena idea y si acepto, yo les comente a mis papas de que estaba enamorado y quería hablar con su padres de ella y si ellos me apoyaban en esto como sé que ellos querían lo mejor para mí y todos mis hermanos.

Ellos me dijeron su papa de ella, es una persona bien estricto a ver que dice, mis papas me dijeron si quieres nosotros te acompañamos para hablar con el yo les conteste que si es una buena idea, gracias papa por ayudarme.

Cuando se llegó el día para hablar con sus padres nos recibieron su mama y su papa de mi novia en su casa yo le dije que estaba enamorado de su hija y quería ser su novio oficial si ellos estaban de acuerdo con nuestra relación.

Su papa de ella rápidamente contesto yo no puedo darle el permiso a ella de que sea tu novia si tú no estás aquí, yo le pregunte por que el me contesto yo no quiero hacerme responsable de que tú la dejes y quizás ella no cumpla se palabra se enamora de otro estando lejos de ti y yo quede mal contigo, mis padres le preguntaron y entonces como le hacen para que ellos sigan su relación los muchachos que propone usted o que soluciones tienen para seguir su relación.

Rápidamente contesto su papa solo que se casen ya; yo me asuste no estaba preparado para casarme rápidamente y mis padres se sorprendieron al oír esto y le dijeron no creo usted que ellos están muy chichos para tomar una decisión tan rápida en sus vida porque son menores de eda.

Su papa respondió esa es la única solución para que yo acepte a que ellos se quieran, mis padres le dijeron deles una semana para que lo piensen bien y tomen una decisión definitiva el acepto la idea y se propuso la fecha para la decisión.

A la semana siguiente yo y mis padres fuimos por la decisión, antes de esto mi padre me hizo ver la responsabilidades de ser esposo y me preguntaba todos los días estas seguro que te quieres casar con ella, yo le conteste que si estaba enamorado y solo deseaba estar junto a mi novia.

Cuando me preguntaron sus padres, tú quieres a mi hija y estás dispuesto a casarte con ella para toda tu vida, yo rápidamente les dije que si sin pensarlo mucho yo sabía muy bien de mis sentimientos de lo que sentía era un amor puro y limpio y después le preguntaron a ella tú lo quieres y lo aceptas para casarte con el ella se quedó pensándolo mucho y no respondió enseguida le preguntaron otra vez, tú quieres casarte con él, es un sí o un no pero responde hija estamos esperando tu respuesta ella me miro y dijo que si, se fijó la fecha de cuando nos casaríamos fue muy pronto, eso es lo que más yo recuerdo yo lo deseaba pero fue muy pronto por la decisión de su padre.

Se llegó el día de la boda solo fue por lo civil yo tenía 19 años y ella de 14 un 22 de enero del 1992 estuvieron presente solo la familia mía y la de ella, y los padrinos de los dos, fue una boda sencilla pero si yo muy feliz por a verme casado con la mujer que yo pensé que me amaba también.

Mis padres querían que fuera para toda la vida yo recordándome de ese momento del anillo que mi abuelita me dio sin pensar que todo mi sueño se estaba haciendo una realidad en casarme con la mujer que amaba fue como si me hubiera anunciado mi propia boda ahora recuerdan el anillo que mi abuelita me dio era mi destino que estaba marcado ya.

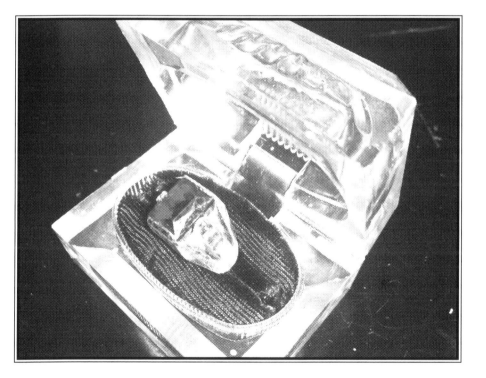

3

Como vencimos los obstáculos

Yo y mi esposa salimos de mi pueblo un 2 de enero 1992, para tomar el avión en ciudad de México en el aeropuerto Benito Juárez con destino a Tijuana california, junto a un grupo de hombres y mujeres que también venían a cruzar la frontera para el sueño americano, pero ya estando en Tijuana el supuesto coyote o como lo conocen muchos el traficante de indocumentados nos dijo que nosotros teníamos que pagar el hotel y nuestras comidas, yo recuerdo que no me alcanzaba para pagar todo, y no savia que hacer estaba desesperado, pero una muchacha del grupo se compadeció de nosotros y nos pagó lo que nos faltaba fue una bendición de dios y yo le agradecí mucho por esta ayuda y nos volvimos amigos en el trascurso del camino siempre estábamos junto y nos ayudábamos buena persona esta chica jamás he olvidado su generosidad fue una ayuda muy grande que dios la ayude donde quiera que este.

Pero si este hombre nos engañó él estaba supuesto a pagar el hotel yo quería reclamarle por que hizo esto cuando uno hace el trato ellos te dicen otra cosa diferente y después cambian, estaba muy molesto pero me contuve estábamos tan lejos para crear problemas y tener que regresarnos solos y sin dinero.

Cuando la noche empezó a oscurecer ellos nos avisaron que ya la hora se acercaba, y nos fueron sacando de dos en dos, después una minivan nos esperaba a unas cuadras del hotel que nos trasportaría para la frontera entre Tijuana México y los estados unidos ya se divisaban de lejos las patrullas de emigración y unas lámparas gigantes que se movían de un lado al otro, cuando los guías nos ordenaban ya sea caminar, correr, o escondernos teníamos que obedecer órdenes porque si la lámpara nos enfocaba estaríamos perdidos y pronto los agentes de emigración nos arrestarían y después no deportarían otra vez para México

Así fue toda la noche caminando corriendo escondiéndonos con mucho frio mojados por el agua sin comer ni dormir fue muy pesado el trayecto y las horas pasaban también en la tierra había unos tubos que si uno los llegábamos a pisar se activarían las alarmas y pronto emigración nos encontrarían teníamos que fijarnos como pisábamos también los helicópteros que volaban encima de nosotros y enfocándonos con las luces y con mucho miedo yo solo le pedía a dios nos ayudara asilar con bien de estos peligros.

También cruzamos en canal agua que nos llegaba hasta las rodillas y con mucho miedo por las serpientes y cocodrilos caminando un buen rato por el agua y también nos escondíamos entre matorrales y arboles con muchos peligros y asustado era demasiado ya me había cansado estaba desesperado pero no de caminar ni correr, sino de mucha espera para poder cruzar por que avía mucha vigilancia de emigración.

Casi como a las 6 de la mañana los guías nos dieron intrusiones después ya que unos guías avían revisado el camino para seguir nuestro camino que teníamos que correr sin parar hasta llegar a una barda donde dividía a san diego california y la frontera y el que se llegara a quedar y emigración lo arreste no podía decir nada de quienes nos traían esas fueron órdenes de los traficantes porque uno casi es una orden y no podíamos hablar sino ellos nos podían hacer daño y tenía miedo por mi esposa ellos podían desquitarse con ella ya que ellos siempre están drogados, solo uno pueden decir que todos veníamos junto para pasar y trabajar para una vida mejor y si alguien no delata les puede ir muy mal pues uno con mucho miedo acepto esta mentira porque se miraban muy malas personas que daban miedo y por nuestra seguridad y uno tiene que aprender que este es el precio que uno tiene que pagar por venir de indocumentado es feo pero es la verdad que feo que uno sufra mucho por este sueño.

Entonces recuerdo que corrimos demasiado ya casi llegando a la barda yo trómpese con un tronco en la tierra y me caí y me raje mi mano estaba bien ensangrentado y con mucho dolor apreté mi mano y dije entre mí, nadie puede vencerme solo dios es grande y el solo sabe lo que pasara y me levante y seguí apretando mi mano para el fluido de la sangre, mi esposa se asustó mucho y me dijo, no corras mejor que nos arresten y nos regresamos para casa yo la tome de la mano y le dije ya estamos aquí y no podemos darnos por vencidos ahora más que nunca podemos darnos por vencidos, pero ella me dijo, si te arrestan yo me entrego también no puedo dejarte solo y faltar a lo que prometí con tu familia que te quería y seria tu esposa para toda la vida, yo le conteste yo también no puedo abandonarte ahora yo también prometí cuidarte siempre porque tú ya eres mi esposa y nunca yo te dejaría jamás en mi vida yo la amaba de verdad era mi amor mi mujer lo más bello que tenía en mi vida en ese entonces.

Ella también me dijo si tú no pasas yo también me entrego no quiero estar sin ti era un amor verdadero, el que sentíamos los dos estábamos viviendo lo más hermoso que a uno le puede pasar nos amábamos y nunca pensábamos separarnos que sería para toda la vida si para toda la vida así yo lo creía siempre.

Más después estaba la prueba de brincar la barda, ella no podía yo le ayude pero después yo tuve que brincarla solo pero era muy alta y la brinque muy apurado eso yo recuerdo y también le dije a mi esposa corre y no te detengas y sigue a los demás hasta donde lleguen todos hay nos vemos, recuerdo que fue debajo de un puente donde nos reunimos, pero también me asusté mucho por mi esposa abrió la boca al correr y se le metió mucho aire y se sentía muy mal y se estaba ahogando demasiado y no sabía qué hacer y tampoco podía hacer ruido porque emigración estaba cerca y podían escucharnos y pronto encontrarnos, el coyote se molestó mucho por el ruido que ella asía pero uno no podía hacer nada estaba su vida en peligro también yo recuerdo que me dio mucho coraje pero no podía hacer nada porque estábamos con gente mala y no se tientan el corazón para hacerte algo, solo recuerdo que le di de golpes a su espalda hasta que amenoro de ahogarse y se pudo recuperar, y sacar el aire, y más tarde llego una minivan color azul marino con cortinas cerradas, y los guías nos dijeron ahora todos tendrán que salir poco a poco y subirse a esa minivan sin que emigración los escuche y los vea.

Pero yo pensé que solo nosotros los del grupo que veníamos como 20 personas más tarde otro grupo casi igual también se subieron y todos amontonados nos metieron a la minivan eso me recuerdo muy bien y yo y mi esposa nos tocó cerca de la puerta y abajo y los otro se amontonaron aprestándonos muy feo ella me decía que no podía respirar bien por tanta gente amontonada era un calvario muy horrible.

Un hombre gordo me lastimo mi tobillo con su zapato casi quede cojeando de la herida que me causo este hombre como 2 horas de viaje sin uno poder hacer nada quería gritar llorar de dolor pero fui fuerte estaba en un mal momento y sangrando no saben cómo me enfurecí al ver que esta gente te cobran demasiado dinero y te traen como unos animales y el sufrimiento que uno pasa pero ellos solo les importa el dinero y uno que se joda se sufre mucho que feo es esto y porque por buscar una mejor vida por esta razón entiendo a cada uno que emigra a este país donde no eres bien recibido por tu color y tu físico de ser latino pero eso sí muy orgulloso de mi origen siempre pienso en esto y en cada uno de los que emigran unos mueren en su intento que dolor se siente mirar cada una historia de estas personas y más como hay muchas madres buscando a sus hijos que están desaparecidos por años quizás ya estén murtos es feo no saber ni siquiera donde está su cuerpo yo comprendo a estas madres por esta razón me gustaría que ayuden a sus hijos que estudien y tengamos un mejor país para que no sigan pasado por estos momentos de angustia y feos yo no le deseo esto a nadie por esta razón recuerdo que le dije a mi esposa un día hay que trabajar fuerte y juntar y hacer nuestro ahorros para nuestro futuro para alguna día regresarnos y no venir a sufrir otra vez es muy feo y desesperante.

Después nos trasladaron más tarde a los ángeles california a un casa a las afueras de la ciudad y ellos se comunicaron con nuestras familias para que les mandaran el dinero para podernos enviar para new york.

Recuerdo que salimos un día 3 de febrero del 1992 al aeropuerto de los ángeles california a tomar el avión de noche, para llegar el 4 de febrero a las 6:00am a el John F Kennedy de new york en un vuelo directo sin escala en un TWA.

Supuestamente alguien de nuestra familia nos estarían esperando para recibirnos en el aeropuerto en la sala de espera pero a todos los demás los recibieron sus familias, y a nosotros nadie no esperaba que mala onda uno se siente mal y a la misma vez mucho miedo por la emigración estaba muy asuste porque yo sé que emigración siempre está en el aeropuerto y te puede arrestar y mandarte otra vez a México y volver a sufrir y a pagar más dinero no es muy feo.

Recuerdo que los buscamos por todos lados y no los encontramos, yo no sabe qué hacer, era invierno y estaba muy frio solo temblando yo y mi esposa era horrible ya estaba desesperado mire cuando a uno de los compañeros que viajamos junto ya su familias lo estaban recogiendo y lo estaban acomodando el carro para llevárselo.

Yo me arme de valor y les fui a Pedir ayuda que si no podríamos venir con ellos en su carro porque mi esposa estaba cansada y con mucho frio pero ya el carro estaba lleno de familia del compañero pero me dijeron a donde van yo le conteste a Greenpoint Av. en Brooklyn él me dijo está bien suban y yo los dejo en una estación del tren de Queens y ya ustedes se van solo ya está cerca.

Pero yo le dije no tengo para el toque que se usaba en ese entonces en el año 1992 él me dijo no se preocupen, yo les pago el trasporte del tren, yo estaba muy agradecidos con ellos por su gran ayuda eso es cuando uno cree en dios que existe, después cuando llegamos a donde vivía me encontré con mi hermano él estaba durmiendo porque él trabajaba de noche él nos preguntó por mi prima Esther y su esposo donde estaban por que no viene con ustedes yo le conteste no lo sé, no los encontramos en el aeropuerto y el me contesto ellos los fueron a recoger entonces que paso después más tarde como a 2 horas ellos regresaron mi prima y su esposo y nos dijeron que se les hizo tarde y no llegaron a tiempo que los disculpáramos yo sé que no era su deber pero se siente feo estar solo y sin dinero no es lo peor que te puede pasar, hasta uno se desespera mucho al grado de uno volverse loco.

Ahora entiendo muchas cosas del por qué tus padres te dicen es bonito ir a tu sueño americano pero también se sufre mucho y a veces mucha gente hasta pierde la vida en la frontera ya sea por desierto también por el rio por cualquier cosa no es feo en verdad y uno tiene que pensar y estudiar y hacer una carrera para no hacer esto y arriesgar su vida.

Ahora yo he aprendido a valorar las cosas que tengo y también por esta razón meda mucha rabia al saber cómo hay mucha gente que te discriminan y son muy racistas con uno y hasta nos tratan bien mal y uno siendo del continente americano te ven como extranjeros que no vales nada como si fueras una basura porque son así con uno.

Nosotros solo venimos a trabajar para una vida mejor y ayudar a nuestras familias yo por mi parte he aprendido a perdonar a esta gente por que como dice dios no saben lo que hacen que todos somos iguales, pero si estoy muy orgulloso de ser mexicano y tener sangre latina, y a todos ustedes lectores quiero que sepan que uno tiene que sentirse bien con su origen y nunca renegar el país que te vio crecer eso te hacer ser grande y que los demás te respecten siempre por ser bien humilde de buen corazón y perdonar para que tu alma este en paz y a los que les gusta discriminar a uno por favor ámense y quiéranse ustedes porque son personas que están mal y están vacíos sin amor ni cariño abran su corazón para encontrar paz en su interior.

Mi depresión

Ya estando en new york con mi esposa me fui a ver mi trabajo al otro día pero me encontré con la sorpresa de que a la persona que yo lo deje mi trabajo mientras yo regresaba no quiso regresármelo y me estaba desesperando y no sabía que hacer tenía que pagar mucho dinero a mi familia y mantener a mi esposa también ya era un hombre casado y tenis responsabilidades, no entiendo por qué las personas se portan así yo lo deje por ayudarlo también ya que este hombre tenía meses sin trabajar le ofrecí esta oportunidad para trabajar y ayudarse un poco mientras yo regresaba así fue nuestro trato ya uno no puede confiar en ñadi en esta vida, porque tarde o temprano te traicionan ya casi no hay mucha personas honestas.

Pero gracias a dios un amigo se compadeció de mí y a los dos días me dijo que si yo quería trabajar en un deli en Manhattan por 6 días 12 horas diarias él me recomendaba con su patrón yo acepte aunque fueran muchas horas y 6 días por poquito dinero mientras encontraba otro mejor pero si era muy pesado pero hay que sacrificarse uno por un trabajo

A un mes un compañero del trabajo de donde yo trabajaba más antes me vino a buscar para darme la noticia de que el supervisor quería que yo regresara a mi trabajo anterior por que las meseras y los cocineros me querían por que trabajaba mejor que la otra persona gracias a dios que mi amigo peruano tuvo que venir desde Queens new york para darme esta noticia de madrugada yo me sentí mal porque lo despidieron por mí al otro hombre pero como dicen el que mal obra mal paga.

Paso el tiempo y en junio 1993 mi esposa se embarazo esperaba un hijo mío por primera vez yo estaba feliz deseaba un niño para que siguiera el apellido Ramírez pero por un descuido se perdió él bebe que esperaba y ella se sentido muy mal en la noche anterior y por ignorante no la lleve al hospital a tiempo y al otro día que fuimos ya no pudieron hacer nada por nuestro hijo fue un golpe fuerte para los dos.

Me dieron la mala noticia los doctores de que ella perdió al bebe, me sentí muy mal y ella se molestó conmigo mucho y me ha culpado toda su vida porque piensa que yo fui el responsable de esto y me he sentido con remordimientos siempre yo sé que tengo culpa pero yo creo que solo dios sabe porque pasan las cosas porque si no mi hija no estuvieras en este mundo ahora y no fuera muy feliz por ella por su amor su compresión y por ser una hija muy bella y buena es lo mejor que dios me pudo dar yo creo que dios bendijo mi vida con ella y ahora soy muy feliz y siempre he luchado mucho para poder darle lo mejor que pueda ofrecerle pero algo que mi hija me enseño que lo más bello es el amor y cariño que uno puede dar mi hija es única la mejor muy educada y sobretodo muy sencilla y humilde te amo hija por darme este bello momento de mi vida y poder ser padre de una hija como tú y más al saber lo que tu significas para mí porque eres muy importante en mi vida.

Entre octubre y noviembre ella quedo embarazada otra vez me dio la noticia yo le prometí que esta vez yo sería más responsable con ella y cuidaría mucho de ella y nuestro bebe así fueron pasaron los meses cuidándola y complaciéndola con sus antojos y si era necesario salía de noche a comprar sus antojos de ella me entregue a su embarazo para cuidar por mi bebe yo era más responsable y comprendí que uno tiene que ser marido amigo confidente y sobretodo y que tener mucha comunicación entre un matrimonio y me dedique a cuidar en cuerpo y alma de mi esposa y mi bebe.

Hasta que un 9 de junio del 1994 nació nuestra hija Jessica yo estaba tan feliz y la visitaba todos los días después de regresar de mi trabajo era todo para mí lo más lindo que dios nos mandó yo quería un hijo pero mi hija vino a llenar mi vida de amor y felicidad quería tenerla todos los días con migo pero era tan pequeña y frágil que sentía como si fuera un algodoncito la mejor experiencia de ser padre siempre la visitaba en el cuarto de las cuna del hospital y al mirarla mi hija me miraba y se reía mucho cuando me miraba era tan hermosa como un angelito era mi vida entera de mi sangre mi baby mi princesa.

Después mi esposa salió del hospital el 11 de junio 1993 y mi hija se quedó en el hospital yo me asusté mucho cuando llegue del trabajo y no vi a mi hija y le pregunte por nuestra hija mi esposa y mi hermana Cristina me dijeron que se quedó en hospital en observación por órdenes del doctor porque al nacer mi esposa tardo mucho en traerla al mundo y tenía un color amarillito yo les conteste otra noticia mala por favor no porque ya sufrí por nuestro primer bebe y mi hermana me dijo cálmate no te preocupes el doctor dice que está bien solo es por precaución.

Pero gracias a dios a los dos días la dieron de alta y cuando regresaba del trabajo mi hermana me dijo tenemos una sorpresa para ti bien bonita era mi hija estaba en casa llore de felicidad y mi hermana me la puso en mis brazos como olvidarlo por primera vez ese momento tenía a mi hija con migo y sentía como un colchoncito suavecito tan frágil que le dije a mi hermana tengo miedo de que le pueda hacer daño o tirarla pero ella me dijo es tu hija y enséñate a cargarla porque ahora tú también tienes que ayudar a tu esposa con los cuidados de tu hija.

Paso el tiempo disfrutando el fruto de nuestro amor y celebrándole sus cumpleaños cada año y consintiéndola mucho en fin era mi única hija y la adoraba y a los tres años la bautizamos y celebramos su tres añitos también pero no sabía que mi felicidad ya estaba a punto de terminar como olvidar ese momento tan doloroso para mí fue muy fuerte y deprimente lo peor que me pudo pasar en mi vida.

Un noviembre de1997 mi esposa hablo conmigo que se quería separar de mi porque ya no sentía lo mismo cuando se casó con migo y solo sentía ya gratitud y cariño pero no amor yo me negué aceptarlo y discutimos mucho yo le dije pero yo te quiero y te amo vamos a solucionar las cosas y a darnos tiempo quizás no sabes lo que dices ahora y estas confundida por favor pinza muy bien yo no quiero perderte yo te amo y me hacen falta tú y mi hija.

Ella me contesto fríamente sin medir las consecuencias pero yo a ti ya no te amo porque cuando me case contigo yo no estaba preparada todavía y era muy joven y mis padres me obligaron a casarme contigo yo todavía no quería en ese entonces me case por mis padres, yo me recordé de ese momento porque ella no contestaba luego cuando le preguntaron si quería casar con migo no era algo que yo no me esperaba pero no solo a ella le hicieron daño sino a mí y a la más inocente nuestra hija y ahora yo les digo sean sinceros y no se casen si no están seguros que aman a su pareja por que no hacen un bien si no daño a la otra persona y le destruyen sus ilusiones y también hieren sus sentimientos como los míos y me mataron en vida.

Yo me sentí bien mal no saben cuánto porque todo mi amor puro y sincero se vino para abajo no lo quería reconocer que ella no me quería como yo a ella recuerdo también que solo eran peleas contrastes entre los dos se estaba volviendo un calvario entre nosotros y solo era sufrir y llorar y tenía muchos celos cuando me decían que ella tenía un amigo en el trabajo y hasta un día yo le pegue una bofetada me deje llevar por los celos y los chismes yo por esto esta razón no lo puedo negar me segaban los celos porque yo aún la quería y era todavía mi esposa, y me tenía que respectar mientras vivía en mi casa.

Pero no me gustaba mucho porque mi hija se asustaba demasiado y lloraba de miedo de ver como discutíamos entre los dos también ella me amenazo que esto no se quedaría así pero yo sin pensar lo que estaba tramando un día yo salí para mi trabajo como olvidarlo, y después de regresar me encontré con la sorpresa de que me avía abandonado con mi hija recuerdo que yo le pegue a la pared del porque ella me hizo esta humillación y muy decepcionado y llorando de coraje y dolor por que ella me podía esperar y salir cuando yo estuviera y para saber dónde visitar a mi hija y me dio donde más me dolía arrancándome a mi hija de mi lado tal parece que ella se vengó con esto pero yo les digo una cosa con los hijos nunca los tomen para hacer daño a uno, porque nuestros hijos son lo más inocentes y más lindo que uno tiene si ella pensó que mi hija se olvidaría de mí se equivocó porque mi hija me quiere mucho más y me ha dicho que me quiere como yo sea con defectos o sin defectos y nadie la cambiara por el amor que me tiene y somos bien unidos ahora yo y ella, soy su padre amigo y confidente y tenemos mucha comunicación siempre y es lo mejor que tengo en la vida mi princesa mi hija bella lo que la vida medio.

Pasaron los días, y a la tres semana me entere que ellas estaban bien pero no me quisieron decirme nada en donde vivía por órdenes de ella para que no fuera yo a buscarla pero yo extrañaba mucho a mi hija era mi vida y llorando por noches y recordando y también buscando consuelo donde yo falle también al no saber si mi hija estaría bien si comía si no le faltaba nada si me buscaba y solo recuerdos de como jugábamos no era muy triste y doloroso no se los deseo ni a mi peor enemigo.

Ya de la tristeza y dolor que tenía por dentro empecé a tomar todos los viernes y sábados con unos amigos que yo creía que eran mis amigos en ese entonces yo era otro persona no me arreglaba no me afeitaba ya a veces ni me bañaba estaba deprimido solo quería tomar y tomar y olvidar el sufrimiento hasta a veces pensé en el suicidio morirme seria quizás lo mejor para no sufrir ya y al no saber de mi hija y siempre recordándome de ella y los recuerdos estaban presente y de las falsa promesa que me prometió que siempre nos amaríamos para toda la vida y no las cumplió se burló de mí no saben cuánto dolor se siente que te engañen de esta manera y rompan tu corazón en pedazos es muy fuerte este dolor que te quema porque yo de verdad la amaba.

Por esta razón yo ahora solo pienso en mí y vivo el presente porque mañana es futuro y no sé qué pasara yo no quería otra vez enamorarme de nadie solo disfrutar de la vida y quererme yo mismo por que se sufre mucho y menos cuando no te valoran y te tiran como una basura en el olvido.

Pero yo muchas veces la busque humillándome por que deberá yo la amaba todavía quería regresar con ella pero ella no sentía lo mismo y solo se burlaba de mi algunas veces hasta la mire salir con otros hombres y tenía celos enfermizos con decirles que hasta pensar querer matar a estas personas porque yo creí que me estaban quitando a la mujer que más amaba en esta vida tenía mucho odio y rencor era muy egoísta nadie puede quitarme a esta mujer era la que yo quería.

Me volví un persona odiosa muy mala vulnerable que solo pensaba en vengarme del que destruyó mi matrimonio y era muy fuerte sin sentimientos no quería lastimas de nadie solo pensaba en esos momentos hacer daño a quien me lastimara otra vez.

Mis amigos y familia me aconsejaban que estaba eligiendo el camino equivocado que me olvidara del rencor porque ella no valía la pena para yo estar llorar mucho y menos cometer una locura para que yo desgraciara mi vida y podía yo hasta morir o estar en la cárcel por un delito que yo cometí solo por esta mujer que no me supo valorar.

Yo los entendia pero mi corazón quien lo hacía entender diganme quien puede más que los sentimientos solo era tristeza y sufrimientos porque para mí era pensar en ella y en el odio que tenía por dentro que me estaba matando y en las personas que me la estaban robando era solo dolor y furia recuerdo que uno de mis mejores amigo me decía ya basta de querer acabar con tu vida tomando y haciéndote daño Mírate en lo que teas convertido por alguien que no te supo valora y solo te dejo botado sin pensar en las consecuencias y en las de tu hija que está sufriendo más que ustedes por ella lucha y mira la vida de otra manera

Él siempre me llamaba la atención pero no me gustaba pero él tenía la razón y a veces me molestaba yo con el cómo olvidarlo y una vez me dijo levántate como los hombres valientes y lucha por lo que más bello que tienes en tu vida que es tu hija ella es la única que debe de impórtate y no cometas tonterías yo no quiero saber que tú sigues humillándote por ella así que piensa y recapacita recuerdo los sermones que él siempre me decía pero en fin era como un tío para mí y lo respectaba mucho hasta ahora es una persona compresiva y siempre esta con migo en las buenas y las malas y lo quiero mucho mi querido tío Rómulo un hombre muy respectos de Republica Dominicana.

Otras de mis amigas también me Regañaba mucho y me decía estuviste tomando mucho Cipriano, porque lo haces, entiende una cosa no creas que así ella te va dar otra oportunidad y si es muy importante compórtate correctamente porque tu jamás la conquistarías así y otra cosa mírate como estas echando a perder tu vida ya no eres el hombre elegante que yo conocía y ni te sabes valorar ahora, si tú quieres ven a mi casa para conversar y sacar todo lo que te lastima pero por favor no sigas con esa actitud amigo, yo le hacía caso y a veces me pasaba el día entero en su casado en sus fiestas que ella celebraba y en verano cuando hacia asados en su yarda pero yo terminaba bien borracho y a veces me ponía a beber como loco porque quería olvidar el pasado y mis sufrimiento pero me venían siempre los recuerdos tristes y terminaba llorando de coraje y dolor y mi amiga Hilda se molestaba mucho con migo y me decías Cipriano así no se arreglan las cosas es mejor dándole buena cara a la vida para que algún día encuentre paz en tu alma y valorándote tú mismo.

También mi amiga a veces me leía las cartas del tarot ella tenía el don de hacer esto y yo le tenía mucha confianza y ella me dijo siempre muchas verdades que pasaron en mi vida y también ella fue la que me dijo sobre lo de mi novia moni y como olvidarme cuando me dijo tú vas a conocer a una mujer elegante puertorriqueña que se van a enamorar de ti y todo fue verdad se los juro y si paso no lo podía creer fue igualito como me lo dijo ella.

Otras de mis mejores amigas esta bella boricua mi querida Marilyn que me quería mucho y estuvo en los momentos más difíciles de mi vida apoyándome siempre me consentía mucho me mimaba y me preparaba café en su casa y platicábamos largos ratos y a veces íbamos al restaurant a comer fuera en fin de semana y ella querían lo mejor para mí y hasta me cambio el corte de cabello me llevo a una barbería portorriqueña y les dijo quiero que me lo pongan bien lindo a mi amigo y no quiero un corte feo sino yo no les pago ella era muy directa pero era una bella persona yo la quería como si fuera mi hermana y ella una vez intento de hablar con mi esposa para que entendiera que yo la quería de verdad pero no le hizo caso y se molestó con ella también y le pidió que no se metiera en nuestros asuntos de pareja que mala onda yo le pedí disculpas.

También otra de mis amigas María una dominicana la loca como le decíamos yo y mi amigo Rómulo ella siempre me preguntaba si yo estas bien o necesitas algo y también me invitaba a su casa para pasar un rato tranquilo y a cortar duraznos para que te pases el tiempo y no pienses mucho de los problemas como olvidarla es una mujer muy trabajadora para sacar adelante a sus hijos ella me aconsejara que yo saliera a divertirte un rato y quizás encuentra amistades para no pensar más en ella y te olvides poco de tu problemas pero era muy difícil tenía razón ella estaba muy joven para deprimirme así.

Muchas veces medio llorar y me consolaba con palabras positivas y me decía recuerda que tienes una amiga que puedes contar con migo siempre y búscame cuando me necesites pero no sufras más a nosotros no duele verte sufrir tanto porque tú eres un buen hombre y nunca te has olvidado de tu hija así a mí me hubiera gustado tener un marido yo le decía yo sé que tienes razón pero de qué sirve si no soy feliz y mucho menos no me valoraron, yo sé que he tenido mucha gente que me quieren de verdad y se interesan en mí y me han apoyado en todo momento pero siempre eran duro olvidar estos recuerdo que no se olvidan rápido y quedan marcados para siempre.

También como olvidar que en 1998 conocí en el trabajo a una puertorriqueña de nombre Jaqueline de 34 y yo tenía 26 y nos fuimos conociendo poco a poco hasta que la invite a salir y un día salimos al cine y a cenar en Time SQ de manhattan yo quería olvidar y estar con ella y empezar una relación seria con Jaqueline pero en mi torpeza no medí cuenta que sin querer le dije el nombre de mi esposa y ella no le gustó mucho esta confusión y me dijo oyes que te pasa tú me llamaste por el nombre tu esposa yo sé que aun tú quieres a ella verdad yo le respondí no por favor discúlpame Jaqueline y ella me contesto tú no sabes lo que a un quiere para ti, yo quería empezar una relación contigo en serio ya que yo también me estoy divorciando de mi marido y tú también de ella pero yo veo que tú no has podido olvidarla a tu mujer, perdóname Cipriano yo la pase bien contigo esta noche pero entendí que te tengo que dejar libre para que la busques porque tu estas todavía enamorado de tu esposa, quizás tu quería solo sacar un clavo con migo y te equivocaste y no te salieron bien las cosas tu pensabas olvídala usándome a mí y eso no me gusto, ese día Jaqueline fue muy fuerte con migo y me pidió que me olvidara de ella y hasta se fue del trabajo donde trabajaba para no verme más.

Pero en el corazón no se manda quien lo hacía entender yo trataba de olvidar pero los recuerdos me traicionaban perdí una gran oportunidad de tener una relación seria con esta hermosa mujer era bella por dentro y por fuera pero entendí que no es bueno engañarse uno mismo y sé que con el tiempo uno podrá olvidar pero no era todavía el momento para yo tener una relación fueron pasaron los días los meses solito en mi mundo sin amor ni nadie que me quisiera y me diera un poquito de cariño.

Pero algo bonito estaba por llegar sin yo imaginarme, un día como siempre llegue a mi trabajo donde trabajaba de vendedor de desayunos en las oficinas del edifico del 26 de Broadway y subí para vender café y Bagel y chocolate té y más productos mi amiga Christina me contó que había una nueva muchacha trabajando y que era latina y muy bonita yo le conteste que bueno me la presentas para yo poderle vender y si ella no sabe de mí que subo en la compañía de Jenny Montgomery Scott en el octavo piso y si era una muy bella mujer rubia con unos ojo bellos de 22 años era demasiado hermosa me cayó bien desde el día que la conocí y tuvimos mucha química el día que me la presentaron yo la fui conociendo cada día un poco más hasta que nos volvimos muy buenos amigos.

Le conté mi historia de mi vida y ella me consolaba con palabras bonitas estaba pasando por días muy difíciles y ella me confió también sus problemas ya para ese entonces éramos buenos amigos y pasaba el tiempo pero a mí me fue gustando mucho más su forma de ser de Katy yo llano la miraba como amiga sino con amor sentía muy bonito al verla y fueron creciendo mis ilusiones y el amor por ella creo que me estaba enamorado de verdad y solo pensaba en verla y quería que pasara el tiempo para verla otra vez, ella era hija de padre puertorriqueño y madre panameña muy educada y no le gustaba los hombres con aretes o con tatuajes y yo le dije estoy de acuerdo contigo a mí tampoco me gusta eso, ella siempre le gustaba cantarme la canción de Thalía amor a la mexicana y yo encantado era una mujer bien linda por dentro y por fuera y me sentía bien con su amistad y su comprensión que me daba pero ya no aguantaba el amor que sentía por ella estaba loco por decírselo ya.

Un día le declare mi amor con poemas y versos que le compuse y se los escribí en una hoja y también le mande un arreglo floral donde le decía que me gustaba mucho y si quería salir con migo y como olvidar también que le regale un piano musical y le puse una foto mía pegada para que me viera siempre y cuando yo lleve a mi hija de tan solo tres años y medio ella me ayudaba mucho con ella y mi hija se encariño mucho con ella, un día mi hija le dijo si era ella también su otra mama, ella se quedó en show y se puso bien colorada y sin poder contestarle pronto después le dijo no soy tu mama pero te quiero mucho y mi hija le dijo yo quiero que tú seas mi mama también y Katy la abrazo y le contesto si soy como tu mama porque te quiero mucho y siempre te voy a cuidar cuando vengas con tu papa, entre mi dije yo estaría dispuesto a casarme con ella para hacer feliz a las dos, pero yo si estaba seguro que ella Sería una buena mujer y madre si me hubiera casado con ella por que adoraba a mi hija, eres para mí la mujer perfecta.

Por ser honesto con ella yo un día le dije que seguía casado con mi esposa todavía y no me había divorciado de ella no le gustó mucho la idea y al siguiente día termino la relación conmigo porque antes de conocerme ella tuvo un novio que solo la engaño yo pienso que ella pensó que yo también solo quise jugar con ella también pero, yo estaba bien ilusionado y la quería mucho pero me volvió a romper mi corazón otra vez quise explicarle pero no quiso escucharme pero en verdad yo quería algo con ella muy enserio, a veces no entiendo porque hay tantos hombres mentirosos con sus mujeres novias o esposas y ellas están ciegas y los quieren demasiado yo por querer ser honesto con Kathy La perdí para siempre y no pude encontrar mi felicidad con ella pero la he recordado siempre.

Un día se me ocurrió juntar las dos fotos de mi ex esposa y de Kathy y las puse en un cuadro tenían un vestido negro las dos, y también como olvidar que escribí son la dos mujeres de mi vida y que amo a las dos yo no sé qué me estaba pasando las quería al mismo tiempo y las amaba con locura pero yo sé que una persona no puede amar a dos mujeres a la misma vez pero las extrañaba mucho no saben cuánto y las deseaba tener junto a mi hay dios creo que me estoy volviendo loco eso yo pensé y mi hermano también me dijo lo mismo tú estás loco no puedes amar a las dos al mismo tiempo y tienes que decidir por una de ellas.

Pero solo eran ya foto y recuerdos porque a las dos las perdí para siempre yo sé que uno no puede amar a dos mujeres a la misma vez pero estaba confundido pero si a la que ya estaba seguro de que la quería mas era Kathy era inolvidable recordarla su piel sus hijos su cabello sus labios dios mío cuanto la quería estaba loco por ella.

A veces la miraba en otra mujer en la calle y corría para alcanzarla pero cuando estaba cerca miraba que era otra mujer parecida a ella y nunca la pude olvidar estaba presente en mi vida.

Fue pasando el tiempo y a mi esposa la fui olvidando poco a poco pero a Kathy la recordaba mucho quería buscarla para amarla yo le preguntaba mucho a una amiga que seguía trabajando en la compañía por Kathy pero siempre me decía que ella estaba muy ocupada y no tenían mucho tiempo para conversar y que casi no la encontraba en su casa todavía no se usaban mucho los celulares en ese entonces, pero yo jamás la pude verla otra vez pero cosas del destino solo quedaron los recuerdo pero donde quiera que tú este sabes que fuiste un amor muy bonito para mí.

También recuerdo que cuando yo hablaba con mis padres me contaban que mi suegra en México les conto a mucha gente que según yo le di mala vida a su hija y hasta la corrí de la casa con mi hija Jessica, que no me importaban y hasta mi ex esposa y mi hija andaban vagando por la calle y viviendo debajo de un puente porque según yo tenía una amante y me estorbaban en mi casa, cuando mis padres me dijeron esto yo fui a ver a mi ex y a preguntarle por qué ella decía eso y que les dijera la verdad que fue una decisión de ella abandonarme y solo ella me dijo eso es mentira solo tus papas lo están inventando, yo me pregunto que ellos ganaban para hacer esto conmigo yo le conteste no creo esto y es verdad porque hay más personas que me dijeron lo mismo pero en fin que diga lo que ella quiera mientras dios sepa la verdad yo me salí bien enojado de su casa.

No podía entender como fue capaz de inventar algo tan monstruoso esta señora de mi al decir estas cosas tan feas si ella bien sabe que fue su hija la que me abandono sin decirme adiós y también yo recuerdo que mi ex esposa me conto antes que converso con su mama que ella se quería separar de mi porque ya no estaba segura que me quería y su mama le contesto que no se separara de mi aunque se buscara un amante pero que se quedara con migo, y a mi medio mucho coraje al escuchar esto de su propia madre que le dio unos sabios consejos ella, es un ser despreciable como puede una madre aconseja así a una hija en vez de ver si nuestro problema tenia solución por su nieta, yo la odiaba a esta señora porque solo invento esto para lavarse las manos antes todos y quedar bien con toda la gente del pueblo y no decirles la única verdad que fue su hija la que me abandono sin impórtale su hija y no como ella lo dijo es una señora chismosa que siempre se metió en nuestro matrimonio hasta que nos separó.

Solo se ha Dedicado a difámame una y otra vez y humillándome ante toda la gente de mi pueblo y ahora todos piensa que yo soy un desgraciado que no tengo sentimientos y eso no fue todo hay otra cosa peor también se le ocurrió inventar más después que yo tenía un amante pero no una mujer sino un hombre porque era gay esto se los fue a gritar a mis padres en mi casa no saben cuántas ganas tenia de ir a México y matarla por todo el daño que me ha hecho en mi vida y mi sufrimiento ahora mi reputación esta por los suelos y manchada por sus malditos inventos de esta señora que dios la perdone porque yo no puedo estoy tan resentido que soy capaz de meterla a la cárcel el resto de su vida.

Pero hay una cosa porque no la demande nunca porque es su abuelita de mi hija me guste o no porque pensé que también yo le aria daño a mi propia hija y no quiero que sufra por esta decisión mía, hija perdóname por expresarme así de tu abuelita pero ella se encargó de destruir mi vida ahora sabes por qué te dije un día quien soy yo para juzgarte si uno también tiene errores y no soy perfecto y no pude hacer esto porque quiero lo mejor para ti y no me gustaría perder el respecto tuyo hija por tu eres lo mejor de mi vida.

Pero yo la he perdonado a esta señora con el tiempo porque quiero vivir en paz con migo mismo y solo se lo dejo a dios, porque yo no quiero perder mi tiempo con gente que no tienen sentimientos ni corazón porque solo es egoístas y solo piensan en ellas y no en los demás y donde puede separar familias porque su corazón está vacío y ni ella misma se quiere y solo está llena de cosas negativas que dios la perdone y algún día repare este daño porque yo estoy feliz viviendo cada día de mi vida con el amor de mi hija y no sabe cómo nos queremos en realidad en esto ella no triunfo quiso separarme de mi única hija pero no pudo esta señora egoísta aunque lo he pagado muy caro en esta vida, pero gane esta batalla y ahora estoy feliz por la compresión y el amor de mi hija.

5

Superarme cada día

Yo recuerdo que tenía un amigo en mi trabajo Brandon como olvidarme de el en 1998 y el me aconsejaba estudiar en las tarde ya que el vino de ciudad de México con una beca para estudiar y yo en ese momento no quise pero a unos Años como en el 2000 el me comento que se avía graduado de su carrera de antropología y estaba trabajando ya de su carrera de la que se graduó y viajaba mucho para otros estados y él me dijo viste si tú me hubieras hecho caso ya los dos estaríamos con una carrera yo ahora comprendo muchas cosas cuando uno se sierra pero yo estaba casado y él estaba soltero pero eso no era un impedimento para uno poderse prepararse también cuando yo estuve cerca de las torres gemelas en 9/11 donde se cayeron yo fui un afectado y nos ofrecieron un programa donde a uno nos ayudaron económicamente y nos ofrecieron estudiar inglés cocina una carrera corta lo que estaba en el programa y también avían escuelas y asociaciones que ofrecían sus servicios gratuitos para uno prepararse yo me enfoque en estudiar en la Asociación Tepeyac por el programa del 9/11 de septiembre para estudiar inglés y computación, me gustaba mucho superarme cada día más y tratar de olvídame de mi vida pasada me prometí salir adelante para ser una persona mejor en esta vida y ahora lo estoy logrando gracias a mi dedicación y esfuerzos.

Yo fui conociendo en ese entonces a muchos amigos y amistades y convivíamos mucho en la escuela cada día también cada tres meses nos graduábamos y recibíamos un certificado por completar cada semestre que eran 12 semanas por el curso era para mí muy interesante mirar mi progreso y esfuerzos este era yo el que le gusta lucha por lo que uno quiere.

Yo recuerdo también que todos llevábamos comida para celebrar ponían música donde se bailaba esa noche no la pasábamos de maravilla, recuerdo que también yo conocí a mis amigos Oscar y Ramón que hasta ahora yo sigo en contacto con Ramón y es uno de mis mejores amigos, pero Oscar le perdí la comunicación por que trabajábamos en diferente horarios y no podíamos tener mucha comunicación pero fue un buen amigo y siempre lo recuerdo y no me olvido de él era una buena persona fue un amigo que me apoyaba mucho y me aconsejaba cosas positivas siempre

También gracias a mi comportamiento y esfuerzos en estudiar y echándole muchas ganas yo recibía elogios de mi maestros y mi coordinadora por mis logros y mis proyectos finales que eran uno de los mejores me sentía bien y solo quería superarme cada día más fue un sueño hecho realidad y nunca olvidare esta oportunidad que dios puso en mi camino para superarme y ser mejor.

Ahora en día se manejar una computadora y hablar mejor mi ingles soy otra persona pero siempre muy sencillo y humilde y seguro de mí mismo y cuando tengo sueños y siempre me gusta vencer los obstáculos y alcanzar mis metas y ahora es escribir este libro es mi gran recto en mi vida.

Después a luchar más y más quizás me gustaría hacer más historias mías yo mismo crear cuentos y los personajes no lose pero me gusta mucho esta idea y espero que dios me lo permita yo me considero positivo ahora y pienso alcanzar todo lo que me proponga con fe y mucha voluntad en dios.

También me gustaría algún día tener los medios para ayudar a los niños pobres y a los ancianos ya que me conmueven sus historias y me preocupan mucho y a veces hasta lloro deber esto casos soy muy sensible, espero algún día dios me dé esta oportunidad y hacer esto realidad solo está en las manos de dios si el me deja alcanzar estos deseos para la humanidad es mi sueño.

6

Volver amar

En el 2002 yo mi hermana su esposo y mis sobrinos nos mudamos para el área de Sunset Park Brooklyn porque en el otro edificio donde estábamos vivíamos nos pidieron desalojar el apartamento solo en dos semanas por racistas pero antes nosotros lo llevamos al dueño a la corte por este caso porque casi nos sacó a patadas como si fuéramos animales y esto no está en las leyes yo sé que te dan 6 meses para este caso pero para la sorpresa del dueño ganamos el caso y vivimos los últimos meses gratis y con la frente en alto al saber que se hizo justicia.

Ya estando por aquí viviendo juntos hasta en octubre 2005 porque mi hermana se separó de su esposo y se mudó para New Jersey con mi hermana Cristina fue paso el tiempo yo después empecé a ir a la iglesia era un llamado de dios el Santa Catarina Alejandrina en Fort Hamilton Brooklyn donde conocí a la que fue mi novia por 7 años era una mujer rubia de ojos verdes muy distinguida venia de una familia de clase media donde toda su familia educada y eran de profesión.

Yo y ella empezamos a tener una bonita amistad y después con el tiempo me conto que ella era viuda, que su esposo tenía dos años de a ver murto yo recuerdo que me venía rápido porque tenía que recoger al hijo de mi hermana Paula con la nana que lo cuidaba y yo notaba que ella se quedaba triste así fueron todos los domingos ella pensaba que estaba casado y era mi hijo yo y ella nos sentábamos siempre en la segunda banca de la iglesia a mano derecha y convivíamos mucho y poco a poco fuimos siendo amigos cada día más ya nos llevábamos mejor y no sabía que ella estaba enamorado de mí ya.

Yo le conté a mi excuñado sobre ella y él me dijo no seas menso y conquístala y llévatela a la cama nomas como una aventura yo le conteste rápidamente estás loco su marido no tiene mucho tiempo que murió ella no está ría para eso ahora a mas ella es mayor que yo lo nuestro no podría ser sería un amor prohibido y ella no se fijaría en mi soy muy diferente a ella.

Un día ella me comento yo conozco a una muchacha mexicana que me limpia mi casa cada 15 días que vive enfrente de mí también yo le conté que era una casualidad yo tengo una comadre por esa misma calle pero un día me lleve la sorpresa que era la misma persona de la que siempre hablábamos los dos, ella me dijo mira ella es la muchacha de quien yo te he hablado siempre y me la presento yo le dije ella es Mi comadre Rocío de la que yo también la hablaba así mi comadre supo que yo tenía amistad con ella hasta ahora ella sabe que fuimos amigos y no novios este es nuestro secreto yo he cayado por no perjudicarla y mucho menos no faltarle el respecto a mi ahora novia muerta solo me queda recordarla con amor y cariño lo mejor que dios puso en mi camino.

Oh ella se sorprendió no sabía que era la misma persona de quien nosotros hablábamos también un día recuerdo que le di mi numero para que se lo diera a mi comadre porque quería hablar con ella de unos problemas personales ella me llamo y me hizo saber que le dio el número a mi comadre yo le di las gracias y colgué el teléfono y a los cinco minutos me volvió a llamar y me pregunto ya te llamo tu comadre yo le conteste no pero no se preocupe gracias por su recado pero ella me volvió a decir yo le di tu número no vayas a pensar mal de mí yo le dije no está bien no se preocupe gracias se lo agradezco y colgamos, pero a quince minutos más tarde me volvió a llamar y me dijo yo ahora voy a la placita que está a una cuadra de tu casa yo le conteste a que bien y ella me dijo no te gustaría verme yo le respondí yo casi llegue ahora del trabajo y estoy un poco cansado gracias por su invitación y me respondió tu eres un hombre muy aburrido creo que a ti no te gusta salir pero si tu cambias yo en media hora estaré por allá y nos podríamos ver para conversar yo le volví a decir otro día y ella me contesto eres bien miedoso yo le conteste acaso tú me estaba rectando yo le dije está bien la espero en la esquina de la licorería pero me llamas cuando estés ya aquí después ella me llamo y salí a la esquina a esperarla caminamos sobre la calle 43 hacia la 12 av. de pronto yo la jale a un sitio baldío la abrase fuertemente y la bese con un beso apasionado muy largo fue nuestro primer beso y el empiezo del nuestro a mor y ella me confeso que estaba enamorada de mi hace mucho tiempo como un ano de conocerme pero ella pensó que yo estaba casado porque siempre le contaba de mi sobrino Christopher que lo recogía con su niñera también ella pensaba que yo era puertorriqueño y no mexicano

Después ella se hizo la sentida y me dijo porque hiciste esto yo le conteste es lo que tu deseabas yo solo te di el gusto ella me dijo si y me gustó mucho como me besaste pero tú eres casado y solo me quieres llevar a la cama y yo no soy de esas mujeres que no se dan a respectar yo le dije no yo estoy separado hace Años y estoy soltero y el niño es mi sobrino hijo de mi hermana Paula te pido que no olvidare este momento fue un beso limpio del que yo me fuera a repetir yo la acompañe cerca de su casa y le dije nos hablamos luego y espero pronto nos veamos otra vez me gustó mucho el beso y ella me dijo no sé y después me llamo más noche y me dijo si me gustaría que nos volviéramos a ver otro día yo le dije si está bien cuando quiera un domingo me llamo y yo le pedí que viniera para mi casa yo quiere hacerle el amor ella me dijo no lo sé tengo miedo y creo que tú vives con tu familia y que pensaran de mi yo le dije no te preocupes ellos no están a esa hora o acaso tú me tienes miedo a esta edad yo creo que ya eres una mujer adulta hecha y derecha no tienes 15 años para pensar así y eres una mujer con experiencia y sabemos lo que hacemos los dos pero ella me contesto es que yo no he estado con un hombre casi como 4 años y tengo miedo hacerlo con alguien que apenas estoy conociendo.

Yo le respondí está bien cuando tú quieras yo sabré esperar y ella me dijo está bien yo voy mañana pero te pido respecto yo les juro que esta mujer cuando estaba conmigo estaba temblando de miedo y muy asustada pero hicimos el amor y fue muy bonito nos entregamos en cuerpo y alma un amor bonito creo que el mejor y así empezó nuestra relación pero yo solo pensaba que sería solo una aventura y no la tomaría en serio porque en ese momento yo pensaba en otra mujer que fue mi novia pero nuestra relación fue creciendo cada día y casi como tres cuatro veces estábamos juntos amándonos porque ya nos queríamos mucho y no podíamos estar sin el uno al otro y quise jugar y me acabe enamorando de verdad.

Ella me dijo un día yo me siento mejor contigo que cuando yo vivía con mi marido tú me haces feliz me siento bien a tu lado tu eres el amor de mi vida al que yo amo verdaderamente a mí me gustaba estas palabras que me decía y así estuvimos a punto de casarnos un día porque ella quería ser mi mujer y ayudarme para mi residencia en este país ella me llamaba casi como cuatro a cinco llamadas al día para saber cómo estaba y para saber que yo estuviera en casa ella tenía miedo por que trabajaba de noche y llegaba muy tarde y cuando yo tenía problemas ella siempre me apoyaba mucho y se preocupaba por mí siempre era una mujer que me quería demasiado y me amaba de verdad era mi gran amor como olvidarla.

Yo siempre cuando le llamaba le decía diferentes nombres como olvidarlo que bromeaba mucho con ella y recuerdo que ella me dijo, tu eres un loco voy apuntar todos los nombres que me has dicho yo le decía riéndome pues empieza ya porque todavía faltan muchos y ella también me decía así mi negrito mi papi chulo mi papo y el hombre más lindo de todo Brooklyn tu porque me quieres que pensaran los demás y ella me dijo para mi tu eres así y la gente que se vallan a para el carajo yo como podría olvidar a esta mujer que me amaba demasiado y para ella yo era perfecto porque me amaba de verdad era lo mejor que me encontré en esta vida.

Pero si pasamos por peleas de celos muchas veces ella era muy celosa y no le gustaba que otra mujer me hablara y no podría negarlo ella era muy insegura de mi pero según ella decía que confiaba en mí y no fue verdad porque cuando escuchaba voz de una mujeres eran peleas contantes yo odiaba eso no me gustaba que me estuviera cuidando todo el tiempo porque cuando uno ama no engaña y yo le era fiel a ella, solo era en pensaba en ella y en nuestro amor y vivir felices sin peleas.

Pero como yo he pensado como esta mujer nunca encontrare otra igual porque fue lo máximo fue la mujer más buena y honesta que tuve en mi vida una persona con educación de buena familia, la única que me ayudaba en las buenas y las malas, nunca me desprecio por ser pobre ella me quería sin importa mi situación económica y a veces pensamos tener un negocio juntos aunque yo sabía que nuestro amor era prohibido y quizás no podríamos casarnos ni tener nuestro negocio y ella me nombraba que era su panchito su amorcito hay dios mío porque te la llevaste era lo más lindo que tenía después de mi hija y familia fue lo más bello que existió en mi vida y no sé cómo podre olvidarla siempre está presente mi amor te amor yo sé que me escuchas y me estas mirando.

7

Como ser mejor persona

En mi relación con novia fui aprendiendo a ser mejor persona me preocupaba las personas mucho no necesariamente de mi familia sino por el prójimo a los que sufren al más necesitado también ayudábamos yo y ella a personas que necesitaban un pan para comer y también me gustaba ayudar a mis hermanas cuando tenían problemas ya sea emocionales o económicos si yo podía yo les hablaba a mis padres a menudo para saber cómo están me preocupaba mucho también Iván a misa todos los domingo para encontrar paz en mi alma y me sentía bien en la casa de dios, me gustaba saber de sus viajes de mi novia que hacían por la iglesia ya que ella pertenecía a las hermanas de corazón de Jesús y fue cursillista era una mujer bien querida por todos los de la iglesia yo aprendí a ver la vida de otra forma estando con ella me acerque a dios para encontrar paz en mis sufrimientos y también hay que valorar a las personas de todo el mundo.

Me gustaba ayudarla a mi novia a conseguir historia para que propusieran en su día de reuniones de cursillistas estaba yo también metido en sus cosas y le ayude hacer un manuscrito para ella darle la bienvenida cuando ella gano para tener el mando de jefa del grupo y cuando ella viajaba me traía oraciones libros rosario agua vendita ella era única la mejor mujer que he tenido aprendí a perdonar a la gente para sanar mi alma y ser feliz.

También siempre nosotros conversábamos de como la pasaba en sus viajes y un día yo le dije mi amor no vayas hoy por favor soné algo malo pero ella me dijo ya compre mi boleto y tengo que ir soy la jefa del grupo ese día casi chocaba el autobús donde viajaban ella me dijo amor fue verdad lo que me dijiste pero gracias a dios ella salió bien de este peligro.

Por la iglesia ella se sacrificaba mucho por que amaba lo que hacía fue una mujer muy sencilla la mejor mujer que todos quisiera tener, para mí era todo la quería mucho también en la iglesia era muy querida y tenía muchas amistades y fue querida por los padres también de la iglesia la mejor persona que he conocido en mi vida y fue por ella que yo soy ahora soy mejor persona y me conmueven todas las cosas que pasan en esta vida y me gustaría ayudar a mucha gente y mi deseo es que todos fuéramos iguales y cambiáramos nuestra formar de pensar y formáramos un mundo mejor dando un poquito de nuestro amor al que más lo necesita.

La edad no es un obstáculo para amar

Cuando yo me enamore de esta mujer yo era más joven que ella pero aprendí una cosa que en la vida no hay edad para amarnos no tiene que a ver obstáculo para amar a una persona así a pesar de que ella me llevaba años yo la quiera mucho éramos inseparables e incondicionales no podíamos vivir sin el uno al otro y también cuando no podíamos vernos nos hablábamos como 5 veces al día para saber cómo estábamos cada uno que bello era tener un amor como ella de cómo me amaba en verdad y es muy difícil de olvidarme de ella esto fue un amor que llego tarde pero que cambio mi vida siempre y a la misma vez también me marco mucho.

También medaba mucho coraje cuando caminábamos por la calle y las personas nos miraban como si fuéramos unos delincuentes yo creo que estas personas no han entendido que en esta vida toda persona pude ser feliz sin importa la edad ni su físico porque uno no le pide nada uno a nadie y a mí me hacía muy feliz esta mujer. Yo también he mirado por las calles en Manhattan caminando hombres gay a mujeres lesbianas como novios y he aprendido a respectarlo porque en esta vida todo se vale y tampoco ellos no pidieron a ver nacido así dios los hizo y hay que respectarlos porque esta vida y todo se vale y ni dios los ha juzgado y nos quiere igual porque en fin ellos no eligieron nacer así y lo mismo pasa cuando uno tiene un hijo delincuente o mal educado o que nació con problemas mentales y uno aprende a quererlos y aceptarlos como son y la sociedad también lo tiene que entender algún día y no discrimínalos.

Esta mujer me cambio la vida y mi forma de pensar yo le comentaba mucho de las personas que nos criticaban y ella un día me dijo yo me siento feliz contigo y no por una persona voy a cambiar porque ellos no medan nada ni tampoco me importa lo que ellos piensen de mi yo soy feliz y segura de mi amor por ti y si tu sientes pena conmigo dímelo ahora y jamás vuelvo a salir contigo y no separamos para siempre nosotros discutimos mucho ese día pero ella tenía la razón.

Yo le conteste es verdad la gente puede decir lo que quiera no me importa y ahora con más razón vamos a salir más seguido a los restaurantes y a la calle más frecuente y también mi amigo Rómulo siempre me dijo tu sales con moni y cambien mi forma de pensar porque ellos tenían razón y pensaba ya diferente y no me importaba la gente yo creo que ellos viven acomplejados y son infelices y ni siquiera tienen el verdadero amor como nosotros lo teníamos y lo gritábamos a los cuatro vientos.

Yo quiero que sepan una cosa todos ustedes valoren a su pareja y a uno mismo y siempre tengan seguridad y sean honestos por que el verdadero a mor es cuando se siente y se lo demuestras uno a tu pareja en todos los sentidos y jamás tú le encuentras defectos y hay que saber valorar ahora que uno lo tiene por que cuando se va no regresa más ahora que está viva porque cuando muere son arrepentimientos como los que yo sufrí y es muy doloroso no decirle te amo de verdad.

Para mi ella fue lo más importante en mi vida hoy en día la Extraño mucho pero sé que ahora ella está mirándome y feliz de que yo pienso muy positivo y la recuerdo con mucho amor hay amor cuanta falta me haces a veces me siento solo sin ti pero recuerdo lo bellos momentos que pasamos juntos.

También mi amiga Carmen converso conmigo un día cuando le conté de la muerte de mi novia y le dije que me sentía culpable por muchas cosas y me hizo entender que no me sintiera culpable de nada porque el destino es así y una persona muere por que dios ya se la llevo y me dijo que escribiera una carta para ella donde la pidiera disculpas y perdón por lo que yo me sentía culpable pues ella tuvo razón y se me quito ese peso de encima y ahora pienso diferente y hasta la soné un día y mire en el sueño como yo y ella nos volvimos a encontrar y hasta fuimos a un restaurante y éramos felices y amándonos otra vez como siempre.

Ahora entendí que amar es cuando una persona te entrega todo sin pedir nada a cambio y te quiere por lo que tu vales y te valora siempre y está contigo en las buenas y las malas nuestro amor fue un secreto para muchos por que fue un amor prohibido y yo sabía que su familia jamás me aceptaría por ser más joven y más pobre ni la sociedad tampoco pero algo que si estoy seguro fue un amor sincero puro y limpio porque nos amábamos intensamente y ahora yo lo grito yo la amaba y era lo mejor que me ha pasado en mi vida.

Te extrañare mucho mi amor pero jamás dejare de pensar en ti y siempre tu ocuparas un lugar en mi corazón y te recordare como si fuera ayer mi rubia mi gran amor te quiero te extraño mucho pero sé que en otra vida nos volveremos a ver.

Mi felicidad

Qué bonito es recordar cuando yo conocí a esta bella mujer por dentro y por fura cambio mi vida no me importaba vivir solo ya estaba acostumbrado y seguro de mí mismo por su apoyo y compresión era muy feliz yo compartía mucho momentos con ella en mi casa debes en cuando hacíamos el desayuno juntos a veces ella traía comida o yo cocinaba también me compraba marqueta me buscaba mis periódicos todos los días casi éramos ya marido y mujer nos amábamos mucho éramos inseparable y hasta llegamos a pensar en adoptar un niño queríamos un hijo aunque no fuera nuestro.

Era una persona que siempre estuvo al pendiente de mí también le gustaba venir a dormí conmigo un rato antes de ir a mi trabajo y medaba masaje cuando estaba cansado yo por esta razón me enfoque hacer esta historia para darles a entender a aquellos hombres y mujeres que solo están por interés con una persona mayor y ni siquiera la respectan ni mucho menos son honesto y más rabia me da oír a estas personas que hablan mal de una mujer o su pareja son unas personas de doble cara que no valen nada son basuras y eso no ser hombre por que un hombre respecta a una mujer y recuerden que también un día serán viejos y si es que dios nos deja llegar a ser viejos porque no todos corremos con la misma suerte y nuestro destino ya está escrito es como una vela que se va desgastando día con día y es ahora cuando uno puede cambiar pensando diferentes en nuestras vidas

Por qué también las personas mayores tienen derecho amar no es un delito ni, mucho menos que se burlen de ella mis queridos lectores yo les digo hay que aprendan amar al prójimo pero ante ámense ustedes mismo porque esto da paz en tu alma y tranquilidad y todo te sale bien cuando uno obra sinceramente y recuerden nunca se olviden de dios porque el existe.

Como yo amo a mi dios él vive en mi mente y corazón todo esto lo aprendí por ella siempre me inculco servirle a dios y saber orar y agradecer por todo lo que tengo y que me ha dado como olvidar que monita fue lo mejor que dios me puso en mi camino ahora entiendo porque yo la conocí en la iglesia mi destino ya estaba marcado y también me puso esta prueba para darme cuenta que yo también la amaba en verdad.

Nunca se lo llegue a decir pero en este momento que estoy escribiendo mis lágrimas recorren sobre mis mejillas de dolor y sufrimiento ahora me estoy siento mal por no a ver estado en su último día de vida por no haberle dicho te amo mi amor quizás ella quiso verme antes de morir yo lo es y lo siento tal vez murió por qué pensó que yo no la quería lo suficiente como ella a mi o quizás fue de tristeza no lo sé pero si fue que ella se llevó un secreto a la tuba que no me ha dejado vivir en paz hay mi amor como te extraño y me haces falta tú no sabes cuánto desearía que estuvieras viva junto a mí.

También una vez ella me dijo si tú no está a mi lado o me dejas de amar yo me muero de la tristeza yo pensé que era solo un chantaje pero fue verdad yo creo que ella se dejó morir por la tristeza al saber que no estuve con ella porque yo me entere que ella estaba mejor y no entiendo cómo se murió si ya había salido del peligro porque mi amor perdóname yo te amaba mucho y quería verte tú no sabes cuánto yo me volví un loco buscándote y pensando en ti cada día, y eso solo dios lo sabe yo como podría explicar que era verdad esto pero si te pido que descansa en paz mi amor yo jamás te olvidare siempre vivirás en mi corazón solo dios es testigo de este amor que siento y sufro de ya no saber más de ti.

Eras mi todo y vida entera y jamás lo olvidare pero que tarde me di cuenta cuanto te amaba y ahora sufro por esto amor que nunca me volverás a abrazar como a ti te gustaba y tampoco sentir tu cuerpo cerca del mío ni tu olor que siempre tenías tú eras mi Ángel te fuiste y me Dejaste solo tan solo que ahora es tristeza ya no suena el teléfono más como antes, y siempre me esperabas para poder estar tranquila que todo estaba bien sabes una cosa ahora tu estas en un lugar muy especial y nadie podrá sacarte de mí corazón amorcito te extraño mucho pero sé que dios te llamo y tú te fuiste con el pero jamás yo te olvidare porque te amé mucho.

10

Perder a la persona que amabas

Yo fui a mi trabajo el sábado 25 de febrero pero antes que yo despertara soñé que alguien se casaba yo sé que soñar esto es algo malo significa la muerte yo me preocupe mucho y solo recuerdo le mande un mail a mi hija para saber cómo estaba pero ella estaba bien y mi familia también pero así pase el día trabajando y cuando yo regrese a mi casa y entre a mí a apartamento escuche que alguien me hablo y me dijo hola como estas Yo me asusté mucho y con miedo y nervioso pregunte alguien está aquí era sus voz y sus palabras como me decía cuando me llamaba por teléfono.

Pero todo estaba en silencio y rápido y prendí la luz, revise el baño la cocina y los cuartos pero nadie estaba entonces ignore que pasaba me puse a mirar mi mensajes y más tarde me dormí pero pensando mucho en ese momento y a la vez en mi novia por que todos los días le marcaba a su celular una y tres veces al día pero jamás contestaba estaba muy preocupado por su celular siempre estuvo apagado, también le marcaba a su casa pero nadie me contestaba todo era silencio no me gustaba mucho pero no podía hacer nada y me moría de la preocupación.

Se llegó domingo 26 de febrero me fui a mi trabajo sin pensar lo que pasaba, más tarde recibí un mensaje de texto a las 3:25pm de mi comadre la madrina de mi hija de bautizo y me escribió esto hola compadre como esta? Le doy a saber que moni murió ayer entre mi dije que no puede ser mi amor no esta es una con función no quería aceptarlo no puede ser es una mentira quise gritar y llorar de sentimiento pero me contuve porque trabajando y avía mucha gente en el restaurante donde yo trabajo.

Al yo saber que la mujer que más quería se fue y me dejo solo en esta vida para siempre, solo recuerdo que les comente al cocinero y al mesero que mi novia había murto ayer me acabe de enterar ahorita y con lágrimas en mis ojos y muy triste por esta noticia de sorpresa y muy fuerte y con un nudo en la garganta.

Ellos me preguntaron pero como tú lo sabes si estás aquí en el trabajo yo les conteste porque acabo de recibir un mensaje de texto de mi comadre donde me notifica que ella murió ayer acercaron a mí y me dieron su condolencias mi dijeron si quería venirme para mi casa para poder verla yo los conteste que no tenía caso aunque yo quisiera no podía como yo me presentaba y les decía yo soy el novio a su familia descubrirían la verdad.

Más tarde yo publique en Facebook que estaba pasando un momento muy difícil y estaba mal y muy triste no quería ni podía decir que fue lo que paso no tenía ganas mi cuerpo estaba sin fuerzas y muy triste más tarde mi hija me pregunto qué pasaba por que estaba triste en un mensaje de texto.

Solo a mi hija le dije la verdad pero le pedí no decir nada todavía quería estar seguro y entender aceptar la realidad también mis jefes me decían que me viniera para la casa pero yo les dije también no tiene acaso yo le voy a devolver la vida ella ya está muerta entiendan me por favor para que me voy si solo será para deprimirme más de lo que ya estoy ahora quiero distraerme y no pensar mucho en esto gracias pero me quedo trabajando.

No se preocupen por mi estoy bien porque ella está en mi corazón ahora más que nunca cuando yo regrese a mi casa publique en Facebook la muerte de mi novia llorando cada palabra que escribía también me recordé todo lo malo que yo me porte con ella y le pedí perdón estaba arrepentido porque sé que nadie es perfecto en esta vida ni yo tampoco a ver perdido a mi amor fue duro era mi todo era mi mujer y la extrañare pero la vida es así solo viviré de los bellos recuerdos de nuestro amor nuestras bromas y de las anécdotas que teníamos de todo de lo que vivimos juntos.

Triste final

Aquí todos podrán saber por qué pienso que fue muy triste para mí porque cuando uno se siente culpable de a ver tenido a la persona a tu lado que más querías y no la sabe uno valorar y después que pasa una tragedia es cuando uno se da cuenta cuánto vale las personas y sé muy bien que ella era muy importante para mí y también no haberle dicho cuanto la amabas y solo a ver tenidos discusiones quizás ella se murió triste por mi culpa no lo sé pero espero este con dios y me sepa perdonar desde el cielo.

Martes 28 de febrero 2012 se llevó acabo la misa de cuerpo presente y más tarde su funeral yo antes investigue por su funeral para poder asistir fue a las 10:30am quería verla por última vez aunque sea de lejos ya que yo no fui invitado por su familia y mucho menos sabían de mi relación que existió con ella yo era un extraño para toda su familia y también estaba sufriendo mucho como su hija pero tuve que ser fuerte entre todos no quería que me descubriera nadie de la única verdad que fue mi pareja.

Solo pensaba si su hija lo llegara a saber quizás fuera capaz de correrme de la iglesia ya que ella siempre quiso que fuera en secreto entre los dos y tenía que callar esto por amor a ella pero me dieron tantas ganas de llorar y gritar por su partida y más cuando las hermanas de corazón de Jesús le compusieron una despedida con palabras bellas y casi en lo último que dijo fue monita hermana de corazón de Jesús tú ya te fuiste te nos adelantaste pero no queremos decirte a dios para siempre sino un has pronto porque recuerden que todos vamos por el mismo camino tú ya te adelantaste pero nosotras estamos todavía aquí pero algún día nos reuniremos contigo para siempre para alabar a dios.

Qué triste fue verla en su Ferreto quería pensar que todo era una mentira o era un mal entendido pero mis ilusiones se vinieron para abajo cuando mire que todo era realidad me sentí morirme de dolor y mis piernas y mi cuerpo se pusieron muy débiles cuando y más cuando vi pasar el Ferreto para ponerla en el carro fúnebre quise gritar y llorar de la tristeza y decirle adiós mi amor por última vez pero no pude tuve que callar sino todos descubrieran la única verdad que nos queríamos y fuimos novios por casi 7 años tampoco quería manchar su reputación de ella con su familia pero si les juro fue un amor de verdadero entre los dos donde no le hicimos daño a nadie.

Cuando ella todavía vivía yo le dije que me gusta una canción written in the stars yo un día le dije me gustaría escribirle a una estrella lo mucho que nos queremos yo y tu pero ella me contesto riéndose tú estás loco necesitas tener alas para volar ni que fueras una paloma eres muy Fanny sin yo pensar lo que el destino estaba marcado ya para mí y ella fueron cosa que uno dice cuando algo está por pasar ahora yo pienso que ella fu la que le escribió a una estrella de nuestro amor un día caminando mire como una luz me siguió hasta llegar a mi casa y no lo podía creer yo pensé que alguien estaba alumbrando pero esta luz vino hasta aquí desde 2 cuadra y una al doblar una calle y ahora todos los días me gusta ver las estrellas todas las noches y me imagino A ella. en una de ellas y solo digo entre mi eres tu amor que me cuidas y me alumbras mi camino gracias.

A mí y a ella también nos gustaba la canción de Adam Lambert whataya want from me, y cada vez que ella me llamaba yo le decía bromeando que quieres de mí y ella me contestaba tu sabes negrito yo quiero todo de ti porque estas bien bueno y eres el hombre más lindo de Brooklyn yo me reía mucho y le dijo tu eres chistosa pero eso si una mujer amorosa siempre conmigo gracias por tu amor yo era agradecido con ella.

A mi familia y amigos les conté de mi relación con ella y me apoyaban siempre ahora quiero que sepan fui muy feliz siempre y darles entender que amar a una mujer como ella es lo mejor que me pudo pasar en mi vida yo entrega todo de mi para una relación duradera como la nuestra y saber reconocer que uno tiene errores y no somos perfecta pero si uno puede ser honesto con uno mismo y amarse antes de querer dar amor a otra persona.

Monita tú ya estas allá arriba pero tu corazón me lo dejaste con migo tu ahora eres mi Ángel y mi estrella que brilla en el cielo y me alumbra mi camino cada día de mi vida y me cuidas donde quiera que yo este.

12

Amarse uno mismo

Yo antes pensaba diferente pero viendo aprendí algo que para muchos lo toman como una tontería y no quieren aceptar esto mire muchas revistas y he leído libros que me han tocado el fondo de mi corazón que para uno amar de verdad uno debe de amarse uno mismo antes de amar a otra persona.

hay que entender que todo ser humano nació para ser amado pero como yo decía antes uno debe de amarse y aceptarse como uno es yo un día me mire al espejo y me pregunte a mí mismo que yo puedo hacer para que una persona me quiera es tener seguridad en uno mismo no tener complejos ya sea como uno sea del físico gordo flaco alto chaparro feo guapo es lo que menos importa porque lo bello lo tenemos adentro de uno la humildad y es lo más importante son los sentimiento para que uno quiere ser lindo si a veces hay muchas personas que ni se valoran uno mismo y viven con mucho egoísmo y envidias por que no han podido ser felices nunca por no ser positivos.

Porque ni ellas(os) se han querido antes de querer a otra persona yo antes pensaba diferente pero ahora en día yo he cambiado mi forma de pensar yo me quiero a mi mismo por esta razón encontré el verdadero amor.

Yo sé que se fue pero tarde medí cuenta que fue lo más lindo que la vida me dio ahora mi propósito es ayudar a entender a las personas que hay que tener fe y mucha seguridad en uno y amarse como uno es y después dar amor para uno poder recibir.

También me ha tocado mirar casos de muchos adolescentes que se están quitando la vida por depresión y la falta de comunicación me duele mucho esto el motivo es que ellos no tienen consejos de sus padres que les expliquen y darles a entender que están mal.

Porque si alguien te desprecia alguna vez no es un pretexto para quitarte la vida y quizás algo mejor está por llegar a tu vida mucho mejor pero para lograrlo antes hay que quererse a uno mismo y por favor no tomen esta decisión sin pensar por que uno vale mucho.

También hay casos que me conmueven mucho los niños que son abandonan por sus padre y los que son huérfanos he mirado como han destruido sus vidas en el trago y las drogas y a veces hasta son ya unos delincuentes y saben por qué pasa todo esto alguien se ha preguntado alguna vez porque está pasando esto con nuestros hijos y están toman el camino incorrecto porque simplemente no tienen quien les de consejos y les diga te quiero hijo o hija te amo y sepan que alguien se preocupa por ello.

También como he visto casos de personas que dicen yo amo a mi esposa y resultan que tienen una amante a escondidas por que se engañan a uno mismo si yo bien sé que solo uno puede sentir amor por una sola persona por que para amar de verdad hay que ser honesto con uno mismo y querernos antes de amar a otra persona por que uno piensan que somos mejores pero solo trae sufrimientos en la familia y uno termina solo en esta vida.

Me es desagradable saber esto no estoy de acuerdo hay personas que me han dicho yo amo a las dos yo les contesto riéndome que cosa dices estas confundido tu no amas a ninguna solo es por placer primero quiérete tu antes de decir esta gran mentira por qué ser hombre no basta con pensar que eres buen amante en la cama amar es todo o nada es entregar todo de ti, ser sincero estar en las buenas y las malas ayudar a tu esposa apoyarla en sus decisiones en sus problemas ser su confidente ser su amigo.

También tiene que haber mucha confianza y comunicaciones muy importante y quererla de verdad por ser como es la persona en fin ser honesto con ella si enverad no la amas déjala ir para que encuentre su felicidad donde deberá la valoren.

Uno siempre tiene que tener su autoestima bien para poder mirar la vida de otra forma no hay que disfrazarnos de la gran mentira si uno sabe que uno no es sincero con uno mismo y ser comprensivo con los demás y tener mucha seguridad para ser cada día mejor.

Como yo decía hay que amarse uno mismo y reconocer nuestros errores porque nadie es perfecto en este mundo mi gente familia amigos mis lectores amar es una palabra que muy pocos conocen, pero si hay un mundo de gente inteligentes que podemos vencer estas pruebas que dios nos puso para uno escoger nuestro propio destino del que uno quiere ser yo quisiera que todos pensáramos no solo en tu pareja y familia sino al prójimo también.

El que ama al prójimo se siente una paz en el corazón de saber yo pude hacer feliz a una persona sin importa su origen color o sexo yo amo al mundo porque he aprendido a valorar mi vida, por esta razón me siento feliz y capaz de vivir para cada día para ser mejor y me gustaría que ustedes traten de ser realistas y amarse unos a otros por que donde hay amor esta dios.

Como yo he contado mi vida que era tan fea que solo sentía odio y en venganza solo estaba lleno de egoísmo que solo pensaba en mí y no me importaba hacerles daños a mucha gente inocente.

Yo estaba en la depresión que para mí ya no era vida pero también no quería entender que la mujer que amaba ya no me quería y solo me estaba haciendo daño y destruyendo mi familia porque cuando llano hay amor uno no puede detener a la mujer a la fuerza hay que dejarla ir para que sea feliz y uno también pero antes saber perdonar para que vivas en paz y puedas volver amar de verdad.

El recuento de mi infancia

Como olvidar cuando era un niño y mis padres me contaron ahora que fui un niño imperativo travieso y agresivo también que siempre estaban haciendo enojar a mis Padres.

Hacia muchas travesuras rompía las cosas de mi mama y después las escondí para que no las encontrara y no se riera cuenta para que no me pegaran también me gustaba echarme sus perfumes de mi padres usaba sus cremas de rasurar me las untaba y un día hasta me pinte el cabello con su pintura de mi padre y creo que me dañe mi cabello yo fui más chino de niño y con mi cabello un poco castaño. Para que les cuento era bien inquieto mi mama nos mandaba a cuidar unos chivos que nos compraron a mí y mi hermano Martin pero solo los amarrábamos cerca de la casa de unos primos para jugar con Ellos.

Un día los chivos se desataron y se regresaron para la casa yo y mi hermano estábamos bien asustados no los encontrábamos por ningún lado y nos regresamos para la casa y mi madre nos preguntó y los chivos a donde están quiero saber que les paso le contestamos bien espantados se nos perdieron mami.

Mi mama nos dijo que bonito que los chivos regresaron solitos para la casa y que ustedes que hacían díganme yo creo que se pusieron a jugar verdad pues ahora sean a cuidarlos otro rato y no se regresan hasta que los chivos hayan comieron bien y cuando el sol ya se metió que es como a las 7 de la noche.

Que anécdotas de mi infancia también mi mama me conto que yo cuando era un niño como de año y medio alguien me hizo una brujería yo casi me moría ella se asustó mucho en ese momento pero se recordó que mi abuelita su mama le enseño a limpiar de brujería y ella tomo loción y unos huevos y medio una limpia ella me dijo que cuando me estaba limpiando yo empezó a moverme y a llorar y solo dije mami y los chochos O sea me refería a las flores mi mama me conto que ya mi alma se iba y mire hasta las flores en el camino hacia dios que increíble yo pensé que solo en las películas pasaban esto que vuelvas a la vida.

Es difícil de entender pero paso ahora yo sueño todo y se cuando alguien va a morir por que si sueno una bodas eso significa la muerte que alguien morirá meda miedo soñar no me gusta esto pero no lo puedo evitar y me asusta mucho y siempre estoy pensando mucho en mi familia y he soñado las muertes de muchas personas que han pasado que horror pero a otro día me siento raro y asombrado y con mucho miedo de que le pase algo a la gente que más quiero.

También otra de mis anécdotas que mis padres me dijeron que estuvieron a punto de mandarme a un seminario para servir a dios ya que ellos pensaban que tenía vocación para ser cura porque ellos vieron que me gustaba mucho hacer procesiones con mis hermanas las menores Cristina Leonor Laura y Paula yo tenía unas virgencita de Guadalupe que eran unas botellitas de loción pero yo adoraba mucho y según yo le hacia su fiesta no era tan tremendo recodar todo esto que yo de niño hice y nunca lo he olvidado y hasta mi padre me está guardando las virgencita que yo deje hace años mi padre sabe que es lo que me hace feliz a mi gracias padre por esto yo lo quiero mucho y son todo lo que tengo en esta vida mi hija y mi familia los amo a todos.

Otra de las cosas que hice fue que mi hermano Martín y yo visitábamos a un primo para jugar y un día él no me quiso prestar su carrito yo me enoje mucho y lo tire de la silla cuando estábamos mirando a chespirito y me salí corriendo para mi casa y no quería jugar más con él y después mi tía su mama de mi primo preguntaba por mi mucho y le decía a mi hermano dile que venga a jugar yo no estoy enojada con él en fin son niños y se pelean y después se contentas mi hermano me dijo hermanito ven a jugar con nosotros mi tía y Carlos si quieren que sigas viniendo a su casa después yo regrese un día a jugar muy tímido pero ya sin pelear ya por los juguetes.

Cuando yo estaba también en la secundaria a los 13 años me salía con unos compañeros de la escuela y no entraba a la materia de agricultura y el semestre yo lo reprobé no pase esta materia mi tío era el maestro de esa clase y me reporto con mi mama para que me llamara la atención y solo me recuerdo mi mama me dio una tremenda regañado y no me dejo salir a jugar de castigo también mi tío me dio una oportunidad y me puso a estudiar mucho para yo presentar otro examen para poder pasar la materia, ya en el tercer año ya era uno de los mejores estudiantes aprendí la lesión y me pude graduar con un promedio bueno y pude demostrar que si se puede solo está en uno en estudiar mucho para uno preparase para tu futuro que uno le guste.

También como olvidar que mi hermano y otros amigos siempre nos poníamos a jugar por las tardes con las canicas el Valero yoyo y el trompo y a veces jugábamos con mis hermanas y unos amigos futbol y beisbol en la calle no la pasábamos muy bien siempre en fin era niños y disfrutábamos de nuestra infancia y como la gozábamos muy bellos momentos que pasamos es bonito ser niño.

A mí también me gustaba saltar mucho la altura y longitud era bien inquieto en mi infancia yo la viví al máximo con mi hermano y mis hermanas y los amigos pero ahora en día soy totalmente diferente me gusta mucho la tranquilidad el arte la música la naturaleza y me gusta tener mucha higiene soy muy limpio también detesto a la gente sucia, y mi meta era estudiar y prepararme y luchar por lo que quería y en el amor yo me entrego totalmente pero siempre salgo sufriendo mucho por no ser correspondido como yo hubiera querido y en mis dos relaciones con mi esposa y mi novia solo duraron 7 años cada una a veces me pregunto qué tiene que ver el 7 es como una algo raro o de mala suerte que será no entiendo nada por qué la mismas coincidencias con las dos mujeres que ame mucho.

Pero eso si mi niñez fue muy divertida y que más quisiera que el tiempo regresara para atrás y recordar todo esos bello momentos por qué fue lo mejor de cada ser humano saber de su infancia la vivió.

También ahora que yo converso con mi padre mucho él me dijo un día hijo tu sabes que yo te estoy guardando tus virgencitas de Guadalupe que tenías de niño porque sé que son muy importante para ti medio mucho sentimiento al saber esto como mi padre me hizo sentirme bien feliz es algo que no puedo explicar me siento agradecido con él por esto yo sé que algún día regresare para mirar mis virgencitas y darle las gracias a mi padre por bonito gesto de su parte te quiero mucho padre no sabes cuánto.

Ya que no tuvimos ni disfrutamos mucho a mi padre en todo el tiempo porque él trabajaba muy fuerte por la familia y casi eran como de 16 17 horas diarias y nunca él pudo darnos aconsejas como hombre que teníamos que saber pero eso si fue un padre muy responsable con nosotros y la familia ahora entiendo porque yo soy también una persona responsable con mi hija yo aprendí de mis padres a ser responsable siempre y de mi madre puedo decir que fue nuestro paño de lágrimas la que nos cuidó y siempre estuvo con nosotros en las buenas y las malas y en nuestras enfermedades y alegrías ella es una persona bien entregada con la familia y se ha sacrificaron mucho por nosotros yo amo a mis padres son mi vida y mi razón de ser.

Ahora ellos me hace mucha falta ya que ellos viven en México y yo aquí en New York por 18 años pero eso los tengo presente y en mi corazón siempre y estoy muy orgullosos de ello también de mi hermano y hermanas de mi única hija que es mi vida mi más grande orgullo ya que somos una familia muy grande pero todos bien unidos en las buenas y las malas con altas y bajas pero nos queremos todos.

Como olvidar también que cuando yo fui niño me subí a un árbol y me estaba columpiando en una rama la rama se rompió y me caí y me hice una herida en la cabeza grande yo desde entonces le tengo miedo a la altura es mi fobia y no puedo estar en algo alto porque meda pánico y me mareo rápido yo odio la altura y sufro de los nervios estoy traumado desde el golpe fue mi peor pesadilla en mi vida.

Mi vida cambio

Que cosa del destino yo jamás pensé que todo esto fuera a pasar no me gustaba la soledad después cuando yo me quede solo de pues a verme humillado tantas veces a la mujer que amaba mucho y que era para toda la vida o sea hablo de mi ex esposa me prometí a mí mismo frente a un espejo y que jamás nadie ya me humillaría y mucho menos me hiciera de menos y el que lo hiciera lo destruiría yo era capaz de destruirlo o quizás hacerle su vida infeliz y sería muy fuerte y nadie podrá burlarse más de mí nunca más y lo jure y hasta rompí un espejo con mucho coraje y me corte un dedo y mire como la sangre recorría mi mano pero era tanto el coraje que ni el dolo sentía solo pensaba destruir al que me hiciera daño otra vez también me paso por mi mente enferma comprar un arma y matar al que destruyó mi matrimonio según yo, era tanto el odio que sentía por lo que estaba pasando en ese momentos en mi vida, no pude compre una arma pero si compre un cuchillo a un delincuente en la calle yo siempre lo cargaba por si alguien se metía con migo para yo poder defenderme de los enemigos pero estaba mal en primer lugar no sé si esta arma tenia delitos fue un error haberlo hecho yo cambie soy otro ahora.

También como olvidar esta estupidez que cometí y muy caro lo estoy pagando por que hoy en día tengo muchos remordimientos al saber que mi amigo esta entre la vida y la muerte fue un día que yo fui a la casa de mi amigo nos pusimos a tomar mucho y también su esposa tomo con nosotros y mi amigo le dio sueño y se durmió y solo nos quedados yo su esposa ella me sedujo tanto y me empezó a toco mis partes privada yo la rechaza dos veces y no quería pero ella insistió que hasta me llamo que era un gay porque no me quería acostar con ella y hacer el amor yo me recuerdo que le respondí no soy un gay lo que pasa que tu marido es uno de mis mejores amigo y no puedo traicionarlo.

Y mucho menos la confianza pero ella no entendía razones y la valió y yo con tanto acoso termine teniendo relaciones sexuales con ella yo me sentía mal por lo que estaba haciendo pero en fin paso y traicione a mi amigo y lo peor fue que él nos encontró juntos en la cama teniendo relaciones juntos no sabía que decirle solo le pedí disculpas y que me perdonara yo estaba arrepentido de lo que hice pero el no tuvo piedad con migo.

Y me corrió de su casa como a la 3 de la mañana y caminar por una calle bien fea donde solo vez gente droga y delincuentes sin saber que me fuera a pasar algo y solo recuerdo que me dijo yo te quería como un amigo pero tú me traicionaste en donde más me duele con mi esposa ahora lárgate de mi casa no quiero saber más de ti porque antes que yo termine golpeándote por esta tracción que me hiciste.

Fue lo peor que le hice a mi amigo y lo perdí solo por una calentura mía y de ella que no valió la pena ahora no puedo olvidar esto y siempre pienso que no supe valorar la amistad que él me brindo estoy muy sacado de onda y ahora tengo muchos remordimientos por lo que le hice porque hace poco que supe que callo en coma luchando por su vida y solo por un desgraciado taxista que lo atropello y ni como ir a pedirle perdón para estar en paz con migo mismo.

Porque aún tengo muchos remordimientos y miedo a la vez a que su familia me corran si me ven cerca del perdóname amigo yo sé que tuve la culpa pero también sé que uno se equivoca porque nadie es perfecto pero de corazón yo le pido a dios que te regrese como tú eras no importa que yo para ti no soy nada pero eres un ser humano que sientes y quieres vivir que dios te ayude a levantarte ese me deseo amigo.

También cuando yo conocí a la que fue mi novia yo pensé solo en una aventura y hacerla mía pero jamás me imagine que quise jugar con fuego y me queme ahora yo extraño sus llamadas pienso que el teléfono va asonar o la voy a ver en la calle no se estoy tan mal que aun no entiendo que ella esta murta siento sus brazos cuando me abrazaba muy fuerte y me imagino su sonrisa yo estaba ya acostumbrado mucho ella me hace mucha falta pero si estoy completamente seguro que nos amamos demasiado y ella hubiese dado la vida por mi como yo hubiera querido ser el enfermo ya que yo era más fuerte y ella muy cobarde no sé pero era todo para mí el día que fue su funeral yo le dedique esta canción porque para mí fue la que pensé en su despedida para mi amor The one that got away de Katy Perry una bella canción pero muy triste.

Pero también a la vez llore demasiado y quería que nunca acabara la canción y la repetía muchas veces porque ya era un adiós y hasta pronto por que decir hasta siempre no es correcto porque algún día yo y ella nos encontraremos en cielo para estar juntos otra vez, mi amor se fue para no volver pero se quedó en mi corazón para siempre yo sé que ella me está mirando desde el cielo que estoy haciendo lo que le dije una vez de hacer mi libro como yo quería porque era mi sueño realizarlo en este año gracias mi amor por tu apoyo y comprensión yo siempre te amare.

15

Quienes son tus amigos

Cuando me separa de mi esposa, yo empecé a tomar mucho a la misma vez recuerdo que fui cono siendo amigos del vicio, que nos reuníamos todos los fines de semana, y tomando toda la noche y a veces hasta el otro día cuando tomaba mucho que a veces yo me dormía en el suelo de borracho y como olvidar que un día que fui a dar hasta Queens y hasta sin zapatos andaba en la calle en la nieve corriendo con mi amigo el pantera no era mi vida a la que mis padres me enseñaron era un desastre y ahora veo todo a zurdo y me pregunto como pude hacer esto estaba muy mal.

Mis amigos que según yo creía me robaban mi dinero y hasta mis cosas de valor pero un día yo recapacite y cambie porque mi hermana converso con migo y ella me dijo sabes hermano que fue lo que tu hija me dijo para que tú quieres que ella venga si tú siempre estas borracho, y no le dedicas el tiempo ella como ella quisiera yo me sentía muy mal por mi hija de tan solo 4 años y como ella ya se expresaba como una mujer ya me puse sentimental al saber que mi hija tenía la razón estaba muy mal y me sentía sucio y no valía yo la pena como padre ni persona porque lo que más yo amaba en la vida ya no quería estar conmigo por mi problema y podía perder su cariño y el respecto también.

Los que desean ser mis amigos les conté que quería cambiar y no tomar más se burlaron de mí y me dijeron que era un mandilón que me mandaban yo prefería los insultos a destruir mi vida y que mi hija no fuera feliz por mi comportamiento y acabara yo perdiéndola para siempre y re cuerdo que poco a poco ellos ya no me frecuentaban y no supe más de ellos ni cuando más los necesitaba.

Un día le conté a mi padre y él me dijo lo sé muy bien hijo es lo mismo que a mí también me paso con migo te entiendo muy bien es mejor estar solo y no hacer cosas que algún día te puedas arrepentir porque los que dicen ser tus amigos no lo son en verdad y el que sí es estará siempre contigo en las buenas y las malas y ahora sé por qué mi padre me dijo esto porque ahora yo valoro a mis verdaderos amigos y que siempre están conmigo y no se olvidan de mí y me tiende su mano cuando más los necesita.

Gracias por ser así amigos mis carnales los quiero mucho y ustedes lo saben muy bien Ramón Rómulo Pedro Álvaro Thomas Manuel Iván Jorge kamala Oscar Erick Floriberto Josep son todos ellos y a veces me mandan mensajes y me dicen como estas carnalito te quiero mucho no te olvides de mí nunca y como yo podría olvidarme de ellos si a veces me hacen falta y también lloro de felicidad al saber que soy muy importante para ellos y ellos para mí son como mis hermanos todos.

Es que quiero contarles porque yo pienso así es que ser amigo es aquel que nunca te dice no cuando uno le pide un favor y jamás ellos te dicen que no está repitiendo lo que te ha dado un amigo es cuando te sorprende y te dice mira esto es para ti, pensé y se me ocurrió traerte esto carnal que detalle uno se siente muy emocionado y dice el si me ha demostrado que de verdad soy su amigo yo también soy así me gusta dar sin que yo les diga oh eso yo te lo regale un día yo creo que eso es feo estar cada día recordándoles esto el amigo.

Es cuando uno te entrega su amistad sin nada a cambio y nace de uno yo creo lo más bello de un ser humano la honestidad y que viene de la palabra cariño.

También como olvida que los blancos americanos me decían I love Cipriano uno siente muy bien cómo olvidarme de unos de mis mejores amigos que lo quiero como si fuera de mi familia Rómulo Almonte él siempre me sorprendía con regalos y un día yo le dije gracias pero no se preocupe usted sabe que yo lo quiero así porque lo material no importa sino como usted es con migo y el me respondía yo te lo traje porque me nació esto es cariño y ser un amigo gracias tío Rómulo lo quiero mucho.

Que dios los cuide siempre a todos jamás dejen de ser como son porque ustedes valen mucho como si fueran mis hermanos porque han hecho de mí una buena persona como ahora yo me siento feliz porque ustedes son mi fuerza para luchar y seguir adelante con su compresión y su apoyo también hay que uno querer para que también a ti te quieran mi queridos lectores yo a ustedes les mando mi mejores deseos en sus vidas y cambien por el bienestar de uno y sus familias y nunca se olviden del prójimo tampoco y hay que dar para uno recibir muchas bendiciones y un abrazo fuerte para todos y siempre sean positivos y nunca lo olviden.

También como olvidar que en 2000 conocí a un guatemalteco donde yo trabajaba lo fui conociendo poco a poco hasta que llegamos hacer buenos amigo un día él me dijo si yo tenía tiempo porque quería conversar contigo de mi problemas personales, yo le conteste está bien vamos al parque de Battery Park que está cerca de aquí y que está ubicado en el bajo Manhattan cerca donde nosotros trabajabamos.

Me empezó a relatar su problemas de su vida yo lo estaba escuchaba para darle mi opinan y me dijo no sé qué hacer yo vivo con una mujer mexicana pero ella me está engañando con otro hombre que ya estuvo de novia con el antes de que yo la conocerla y no sé qué hacer Yo le respondí estas seguro que ella te está engañando y solo tú lo piensas él me dijo porque un día yo vi con el agarraron de las manos y besándose y yo los enfrente y tuvimos una pelea en la calle y el madejo este moretones que tengo ahora pero yo no me deje y a él le rompí la boca y la narices entonces yo le conteste esa mujer no vale la pena piensa muy bien las cosas y mejor sepárate de ella sería lo mejor.

El me contesto pero yo la amo y quiero demasiado y a sus hijos también ellos a mi yo le conteste yo teniendo muy bien pero tú no puedes estar con una persona que no te valora y donde siempre hay violencia frente a unos niños me recordé cuando paso lo mismo con migo se puso a pensar y a los 5 días me dijo pero no tengo a donde ir porque mi apartamento que yo tenía en Astoria Queens lo entregue y solo tengo una hermana pero no me llevo bien con ella.

Yo le dije pues busca un cuarto para que lo rentes, pero él me contesto yo necesito estar en un sitio donde tenga compresión y cariño y estaba pensando si tu querías ayudarme y me podría ir a vivir a tu casa, yo le conteste por mi yo te ayudaría con mucho gusto pero antes tengo que hablar con mi hermana Laura y mi cuñado Miguel porque tenemos un apartamento muy pequeño y yo te resuelvo esto mañana el me agradeció mucho esta oportunidad el después se mudó con nosotros y vivió casi un año y después cuando nos teníamos que mudamos para Sunset Park Brooklyn él se fue para otro lado y nos dejó solos yo pensé que no quería pagar las renta ni el deposito nos dejó cuando uno más lo necesitaba se portó mal con migo y mi familia no me gustó mucho el solo quería por su conveniencia vivir sin pagar más me decepcione de él.

Después el me contacto por medio de mi amiga Hilda y me dijo quiero verte y nos quedamos de ver en el peluquería de los hijos de mi amiga, él se vino conmigo y me volvió a pedir ayuda yo le dije ya una vez te ayude y cuando nos teníamos que salir nos dejaste a nuestra suerte y ahora tú quieres otra oportunidad, yo no puedo mi hermana y mi cuñado pensaran que estás jugando cada rato.

Yo me recuerdo que le dije no puedo ayudarte más mejor vete y no me busques otra vez no quiero saber más de ti eres una persona muy interesada lárgate tu solo me buscaste por ayuda y solo piensas en ti y yo que llegue a pensar que era porque te interesaba como amigo él se fue triste y lo vi llorar pero no me preocupe para que aprenda a ser agradecido con uno y salga solo adelante.

Al otro día me llamo una de sus hermanas y me dijo porque tu no quiste ayudar a mi hermano él está muy triste yo sé que él te quiere mucho como un hermano y ella me pidió una nueva oportunidad para él y ella quedo que se hacía responsable, está bien pero primero tengo que conversar con mi hermana y mi cuñado para tomar una decisión yo les dije si ellos estaban de acuerdo que el viviera con nosotros otra vez y ellos me dijeron está bien dile que se puede mudar cuando quiera pero ahora sí que no esté jugando como la otra vez y a ser responsable.

Él se mudó en esa misma semana y todo iba muy bien hasta celebramos navidad y año nuevo, hasta su hermana vino y todo estaba muy bien pero yo me empecé a dar cuenta más después que él se portaba muy raro y salía del apartamento cada rato como si estuviera loco yo le pregunte qué te pasa por que te portas así el me contesto que sufría de los nervios y dolor de cabeza.

Y así fue paso el tiempo un día mi hermana y su marido y mis sobrinos se fueron a new jersey a visitar a mi hermana Cristina y se quedaron unos día por allá, estaba solo con el yo le pregunte tu estas usando droga verdad y también estas tomas mucho dime la verdad soy tu amigo quiero ayudarte pero quiero que me contestes que te pasa él se me quedo mirando muy feo y tuve mucho miedo a la vez él se me vino encima y me dijo cállate no te metas en mi vida que te importa lo que yo haga porque si yo quiero le digo a una persona que yo conozco que venga y te meta un tiro en la cabeza por entremetido me amenazo de muerte.

Estaba como un loco entonces yo recordé que un día el me conto que él estaba a punto de trabajar con esa gente y tuve miedo mucho miedo solo le pedí a dios que me ayudara yo le dije hazlo si ese es tu deseo de matarme al que tú dices que era tu amigo tu hermano mátame si tienes valor que esperas acaba con este sufrimiento que tengo en mi corazón porque me ha dado cuenta que no tengo amigos ni a la mujer que yo amaba de verdad según yo era para ti tu amigo porque para mí si lo eres y te quiero como a un hermano pero me equivoque contigo que equivocado estaba maldita la hora que te conocí solo fue para mal porque de verdad yo te quería mucho el me miro y se dio la vuelta fue.

Él se salió para la calle bien enojado como alma que lleva el diablo pero yo a la misma vez yo tenía mucho miedo estaba aterrorizado quería irme huir por que también me llego amenazar que le podía hacer daño a mi familia pero yo a la misma vez me arme de valor y lo quería enfrentar yo me quede como si nada pasaba, después el llego de la calle y corrió hacia mí y me abrazo llorando y me dijo perdóname como yo podría matarte si tú eres mi hermano y te quiero mucho y tú eres el único que me ha sabido valorar en esta vida pero yo de muy estúpido le volví a creí todo yo de verdad pensé que el arrepentido era sincero yo le conteste yo sabía que tu estas mal y no lo querías aceptar el me contesto si amigo pero no sé cómo yo puedo dejar esto y cambiar mi vida yo le conteste solo está en ti si de verdad quieres cambiar hazlo por ti y no por nadie.

En otra ocasión se llegaron los pagos del apartamento y yo le dije Jaime necesito que me pagues para yo ir a pagar ya los pagos, y él me contesto mañana viernes te pago yo le dije está bien pero como vi que no me pago le dije en la noche Jaime no se te olvide de darme el dinero y el me contesto espera mañana te lo doy porque solo tengo billetes grandes y tengo que cambiar esta bien no te preocupes espero ya el sábado como no me los daba yo le volví a cobrar y él estaba en mi litera en la parte de arriba de la cama él se bajó de un salto y me jalo y me puso sus manos en el cuello diciéndome que me iba a ahorcar por estarlo molestándome toda su vida y ya lo tenía harto y estaba cansado de mí.

Yo le dije as lo no te detengas que esperas si vas hacer algo no sea cobarde ya una vez me amenazaste y yo también ya estoy harto de ti que me veas la cara de estúpido yo le dije porque si yo lo hago yo si te mato de una vez porque siempre me estas amenazando y ya no puedo más yo y el estábamos discutiendo muy fuerte y se escucharon mis gritos y nuestra pelea y de pronto salieron mi hermana y mi cuñado de su cuarto y me dijo que pasa hermano que pasa aquí Jaime yo les conteste rápidamente y bien enojado porque este estúpido me quiso matar arcándome solo porque le pedí los pagos yo quiero que en este momento se largue de mi casa no lo quiero ver aquí ni un minuto más que desaparezca de mi vida.

Mi hermana le dijo eso es cierto Jaime y el respondió si porque él siempre me ha está jodiendo mi vida yo le respondí así que tu piensa de mi entonces recoges tus cosas y te me largas ahorita mismo no quiero saber más de ti en esta vida estas muerto para mí porque yo llano te quiero ver más agás lo que agás yo nunca voy a cambien sobre ti lo que a ti no te gusta es pagar lo que debes y date cuenta que tu casi me debes 30000 dólares contado lo que tú me has pedido poco a poco yo confié en ti y te ayude como un amigo de verdad pero prefiero estar solo y tranquilo a tener a un loco drogadicto en mi casa y que mi propia vida esté en peligro siempre.

El me pidió perdón y me dijo que ya no pasaría pero yo le dije esto no te lo perdono nunca más ni como amigo tampoco te quiero ya ni me haces falta ya llegaste al límite y las oportunidades se te acabaron pero él se quedó viviendo todavía con el apoyo de mi cuñado pero para mí era todo diferente ya era otro yo cambie mucho con el incluso no le dirigía la palabra como estas como te fue nada él se dio cuenta que ya no me importaba el después poco a poco se fue llevando sus cosas en la semana y el un día vino y me dijo puedo hablar contigo yo le conteste está bien que deseas, yo me fui porque tu cambiaste mucho con migo y de verdad llano me sentía bien aquí yo le conteste fue lo mejor que pudiste hacer gracias yo en verdad te quería como a un hermano pero todo lo echaste a perder, solo te pido que jamás en tu vida me busque yo de ti no quiero saber más y prefiero vivir tranquilo y feliz a que me pagara ese maldito dinero por que la amistad no se compra ni tampoco podría comprar mi tranquilidad sabiendo que tenía a un enfermo mental junto a mí y llegue a pensé que eras mi hermano pero si a ti ese dinero te hace feliz pues que se te quede aprovéchalo él me dijo no yo te lo voy a pagar en una semana, que cosas del destino hasta hora que no recibí ese maldito dinero pero estoy mucho mejor así y gracias a dios que jamás me ha dejado solo y siempre llegan personas a mi vida para bien.

Yo le conté de esto a dos de mis amigos a Rómulo y Jorge ellos quería buscarlo y golpearlo porque ello decía que era un desgraciado aprovechado a Jorge nunca le gusto que yo fuera su amigo porque no le tenía confianza un día él me dijo Cipriano no te confíes de Jaime por que el un día me dijo cosas mala de ti yo le conteste a mi amigo Jorge no pinces así de él es buena persona y tiene muchos problemas pero él me contesto tu eres una buena persona y ya lo ayudaste mucho y él es un desgraciado que se portó mal contigo yo no puedo permitir que te trate así él es dos caras y habla contigo bien y a tu espaldas mal es un aprovechado por favor cuídate amigo, yo quería mucho a Jorge siempre lo vi como a un hermano y el también a mi ahora que no sé nada de él lo extraño mucho y quisiera encontrarlo algún día por que él fue uno de mis mejores amigo que he tenido.

Rómulo me dijo también Cipriano este tipo no vale la pena y tú no puedes pensar todavía en el como si fuera tu hermano este es un aprovechado contigo a mi meda mucho coraje que una persona se poderte así contigo olvídalo y mándalo al carajo es un persona que no vale la pena es una mierda me dijo unas palabras fuertes yo me asombre mucho a él tampoco le cayó bien que fuera su amigo y me dolía todavía su comportamiento pero ya me avía herido mis sentimientos pero Jorge y Rómulo tenía razón no valía la pena no era digno de mi amistad.

Rómulo me dijo yo voy hablar con él y pedirle una explicación por que él se portó contigo así este bueno para nada pero yo le conteste gracias amigo te lo agradezco pero deja ya las cosas así tú no te pueden meter en problemas prefiero mil veces su amistad al saber que usted le pueda pasar algo él es un loco mental o hasta puede ir a la cárcel por un problema mío por favor deje así las cosas y yo le dije a mi amigo Rómulo espero que dios lo perdone porque yo ahora no puedo perdonarlo estoy muy resentido con él y solo siento un odio que no he tenido ni tranquilad porque si yo quisiera yo mismo lo asía paga por todo el daño que me ha hecho yo lo denunciaría y que lo metieran en la cárcel pero no vale la pena ni tampoco mancharse las manos por una persona como el, yo ahora estoy pagando este precio por confiar en gente que uno no conoce y todavía lo ayude por ser buena persona.

El problema del fueron las drogas y el trago estaba enfermo y me dio miedo porque un día me revelo un secreto que no lo podía creer y me quede en show al saber esto que me dijo yo te quiero mucho porque he estado enamorado de ti siempre yo le conteste que estás diciendo Jaime acaso estás loco y el me contesto no estoy loco es la verdad yo me di cuenta que te amo yo le dije Jaime has confundido el cariño que yo te tengo yo solo te veo como un hermano yo solo he sentido eso por ti yo jamás te dado motivos para que tu pienses así de mi porque yo todavía no he dejado de querer a mi ex esposa todavía yo la amo y el me contesto tú no puedes quiere a esa pendeja estúpida vieja yo le conteste por favor respéctala ella fue mi esposa y es la madre de mi hija y quieras o no esa es mi verdad tu muy bien sabes que yo te respectado todo en tu vida porque en verdad jamás abra nada entre tú y yo en segundo lugar a mí me gustan las mujeres.

Así que te quiero lejos de mi desaparece de mi vida vete y jamás me busque es cuando empezaron los problemas entre nosotros como odie ese momento pero en fin dios sabe por qué pasan las cosas y también a veces pienso que él le dijo algo a Emma de mi para que se decepcionara y no volviera conmigo porque un día yo y ella quedamos de darnos otra oportunidad para reconciliarnos y después ella cambio mucho conmigo y jamás supe el motivo que fue lo que paso solo sé que un día antes ella me llamo y el contesto el teléfono y le pregunte quien era y el me contesto era una llamada equivocada yo le dije no me mientas y él me dijo está bien fue tu esposa pero cuando yo escuche su voz le colgué yo le dije está bien ya hablare con ella mañana pero ella al otro día ya no me llamo yo estoy seguro que algo él le dijo por que no puedo entender por qué ella se arrepintió de darme esta oportunidad pero en fin ya esto fue pasado y he sabido olvida todo lo negativo

Un día mi amiga me dijo no sabes quién vino para mi casa Jaime y me dijo que extrañaba a una persona que quería mucho yo le conteste a mi amiga espero no se trate de mi por favor no quiero que me busque más y le ruego no le diga mis números nuevos si él le pregunta por qué yo no lo quiero ver en mi vida y a veces he pensado que sería mejor que desaparezca de aquí por lo que me hizo este desgraciado que no tiene perdón de dios y este secreto solo lo sabía mi novia y nadie más como lo odio maldito el día en que lo conocí infeliz por que dios me castigo con esta basura que yo hice mal para recibir este castigo que solo es pensar y pensar en esto y me gustaría saber la verdad pero a la misma vez tengo miedo y también le pedí a mi amiga María que me firmara una carta donde yo decía que él me debía dinero y le di una copia y me la rompió en mi cara y me amenazó con hacerme daño si lo acusaba de esto.

También recibí un día una llamada en junio del 2005 era el hermano mayor de mi amigo Jorge y me saludo como estas Cipriano bien gracias y ese milagro tu nunca me has llamado es que te tengo una mala noticia de mi hermano Jorge él se fue a florida por un trabajo mejor en la construcción y sufrió un accidente en donde casi le cuesta la vida yo me asusté mucho y le pregunte y como está el me contesto muy mal Cipriano por esta razón te llame él quiere que tú le hables a este número al centro de rehabilitación 1800-697-5390 preguntas por sr Gomes él no ha dejado de pensar en ti y solo nos pido que te avisáramos yo le dije a su hermano pero dime como esta que fue lo que realmente la paso pues mira Cipriano le callo una biga encima y quedo deshabilitado y creo que no podrá caminar ya y tampoco puede hablar bien yo le dije a su hermano gracias yo voy a llamarlo ahora y colgué la llamada.

Fue muy fuerte para mi estaba muy nervioso y marque el número y pregunte al centro donde estaba mi amigo mi carnalito cuando me comunicaron con el me contesto su papa y le dije soy Cipriano quiero hablar con Jorge y me dijo espera un momento y le puso el teléfono en su oído él no podía solo y me dio mucha tristeza porque ni podía hablar bien como estas amigo y el me contesto mal estoy incapacitado en silla de ruedas y no puedo hablar bien yo le dije ten fe que dios te ayudara tu eres una buena persona por que dios castiga a la gente buena y a los malos como Jaime no cuando yo le colgué llore mucho por el medio mucha tristeza su situación.

Yo perdí el contacto con él hace poco publique que lo estaba buscando y esperando que alguien o sus hermano me pudieran decir algo sobre el pero no tuve suerte pero no pierdo las esperanzas y lo sigo recordando y buscándolo mucho y quizás alguna dios me lo ponga en mi camino porque él es para mí uno de mis mejores amigos y lo quiero un montón mi hermano Jorge como te extraño carnalito donde quiera que estés porque tú eres un ser maravilloso.

En 1990 otro caso que me dejo triste fue la muerte de una compañera de la escuela ella fue muy buena persona muy amigable y una de las mejores estudiantes que avía en esta escuela donde yo estudie en la secundaria técnica #15 San Juan Colon Puebla en el pueblo donde vivía mi abuelito el papa de mi papa esta chica se quitó la vida de un balazo en su cabeza y todo fue porque ya no aguantaba ver a sus padres todos los días peleando enfrente de ella y su hermano pero antes de matarse ella dejo una carta escrita donde les pedía a sus padres que se dieran cuenta que ella y su hermano los necesitaban mucho y se olvidaban de ellos que existían y que esperaba que cambiaran por el bien de su hermano fue por depresión familiar yo creo que los padres no podemos pelear frente a nuestros hijos porque se trauman mucho y uno no nos damos cuenta cuánto daño hacemos a ellos para mí fue muy triste esta historia y no podía entender porque hizo esto y todos en la escuela estábamos deprimidos por su partida pero la extrañaríamos mucho porque fue una gran persona y amiga que descanse en paz y espero todos los padres se den cuenta que nuestros hijos nos necesitan y hay que escucharlos darles amor cariño y compresión.

Yo como digo todo esto es verdad cuando a uno nos abandonan mucho y ni se preocupan por uno ni siquiera te dicen cómo te fue hijo Como estas que te pasa te quiero Es bien duro y solo ver peleas contaste en su casa ustedes les han preguntado alguna vez a sus hijos cosas que deberá uno quisiera saber y es bueno que tengamos mucha comunicación con ellos y ser amigos y confidentes de nuestros propios hijo como yo y mi hija somos bien unidos y somos honestos entre ella y yo también me siento orgulloso de tener una hija así yo sé que es una buena hija muy positivas y responsable a pesar de que yo y ella solo vivimos poco tiempo juntos por que cuando me separe de su mama solo tenía 3 años y ahora es una muchacha 18 y es lo mejor que dios me pudo dar mi princesa y la amo mucho pero yo he visto muchas familias desunidas donde no existe el amor cariño honestidad en fin nada positivo por qué ser padre o madre no es por traerlos al mundo sino ser su amigo padre o madre confidente y escucharlos porque a uno nos debe de interesa lo que a nuestros hijos les pasa y nunca nos olvidemos de ellos y siempre preocuparnos por ellos no solo porque le dimos la vida sino por su desarrollo y su bienestar.

Por favor padres traten de ser sus amigos y confidentes de sus hijos para que uno pueda darles los mejores consejos donde ellos nos respecten a uno y saber que ellos se están superando cada día porque son el futuro de este mundo y cuiden los mucho a sus hijos y ámenlos siempre y tengan siempre mucha comunicación es muy importante porque hoy en día hay muchos jóvenes que están eligiendo el camino incorrecto con depresión donde solo uno ve muchos casos jóvenes quitándose la vida porque están pasando en sus peores momentos y uno como padre puede frenar estas muertes de nuestros hijos que se quitan la vida cada día y también hay muchos de ellos que andan en malos pasos ya sea en las drogas y el alcohol y hasta muchos son unos delincuentes matando y robando en bancos y casa a gente inocentes por favor padres tratemos de darles más tiempo a nuestros hijos y así formemos un mundo mejor con jóvenes profesionales y educados y también muy importante apoyarlos en su carrera que ellos elijan yo como padre les pido amemos a sus hijos y cuidemos de ellos porque son nuestros más grandes tesoros que dios nos pudo dar.

16

Resentido con dios

Cuando yo estaba pasando por estos momentos tan difíciles de mi situación yo pensé muy mal que era mentira que dios no existía y también llegue a pensar que dios tenía la culpa de todo lo que me estaba pasando por que no me ayudaba para ser feliz con mi esposa a veces uno se sierra mucho y piensa uno así de esta manera pero yo estaba equivocado y me di cuenta que era un egoísta por que no medaba la oportunidad de amas a dios y verlo de otra manera porque dios te da paz en tu alma y corazón yo ahora en día lo amo y él vive en mi mente mi corazón y a cambio mi vida completamente cuando me acerque a dios.

Cuando yo acepte que estaba en un error lo que pensaba un día caminando por una calle mire una estampita tirada boca abajo y la recogí y al yo verla era un lindo niño con un vestidito rosa y un escapulario colgando y la guarde en mi pantalón y más después supe que era el niño divino de Colombia yo creo que fue una prueba que dios me puso por desconfiar de él y ahora yo lo adoro y lo amo a mi niño como yo le digo el no abandona a sus hijos y está contigo siempre te quiero mucho mi dios me sanates las heridas que tenía en mi corazón gracias niño divino Jesús.

Es cuando uno se da cuenta que ha está mal y piensa uno negativamente hoy en día es mi niño y lo amo y siempre antes de salir de mi casa lo miro y le pido que me cuide donde quiera que este y he tratado de que mucha gente lo reconozca que eso es lo que él quiere para el mundo y si no saben del búsquenlo y verán que también es muy bonita su historia y te da paz y hace muchos milagros yo le pedí encontrar otro trabajo mejor y al día siguiente me ofrecieron este que ahora tengo de verdad es increíble pero la fe mueve montañas.

Yo también le prometí que siempre lo tendré conmigo y también les tengo mucha fe a la virgencita de Guadalupe y a padre Jesús de las tres caídas de mi pueblo en Tepeojuma puebla y siempre los tengo en mi casa son mis grandes huéspedes y nunca me olvido de ellos esta es fe y amor a nuestro dios y a la virgen María nuestra madre con tanto amor que tengo yo hoy en día soy otra persona bien positivo siempre mi dilema es, yo puedo y lo lograre, gracias a que medí cuenta que amar a dios es lo mejor que pude hacer, mi vida es diferente ahora porque sana tu mente y alma y hay una inmensa paz que no puedo explicar.

También como olvidarme de que a mí me gusta tener amigos de muchas partes del mundo como a mi amigo Ramón un paisano que lo conozco desde cuando estudiamos ingles en la asociación Tepeyac en manhattan y a mi amigo pedro que siempre me ha apoyado en las buenas y las malas y nuca se olvida de mí y debes en cuando lo visito en su trabajo también como olvidar cuando conocí a Álvaro fue muy chistoso porque él me tenía envidia en el trabajo eso yo pensaba mi amigo pero estábamos equivocado los dos pero a mí siempre me gusto ser amigable con todos, pero a pesar hoy en día somos buenos amigos y también el me ayuda cuando tengo problemas otro de mis amigos es el flaco como le digo ósea se llama Iván él es muy bromista muy chistoso pero casi no lo veo por nuestros trabajos pero hay una amistad verdadera entre nosotros y a veces lo extraño y que les puedo decir de mi amigo Thomas un italiano americano hace tiempo perdí el contacto con él pero él es una personas muy profesional y muy buena persona sencilla a pesar que es de clase media pero nuestra amista rompe barrera como amigos y también lo estoy buscando es un buen tipo como lo extraño los momentos que disfrutamos cuando salíamos a divertirnos.

Y que les cuento de Floriberto mi compañero de apartamento mi amigo mi carnal hermano lo quiero un chingo y el a mi somos muy unidos y nos llevamos bien a veces tenemos discusiones pero todo bien son cosas del oficio pero si es mi carnalito y Erick nuestro amigo en común es otro cuate que debes en cuando compartimos unas cervezas juntos los tres pero como yo les digo a los dos solo hasta un límite amigos y no confundan el trago eso no te hacer ser más amigos sino lo que uno vale como persona y sentimos y que siempre estemos los tres en las buenas y las malas por siempre.

Donde yo trabajo hay un muchacho de Siri Lanka que nos llevamos muy bien el se llama Fernando pero yo le digo Juanito de cariño y también el loquito es bien buena onda y tenemos buena amistad y nos ayudamos en el trabajo pero me hace reír mucho a veces selva el avión como uno dice la memoria y hace las cosas mal que chistoso este amigo yo también tengo otro amigo de Bangladés que trabajo antes en mi trabajo él siempre me regalaba ropa de su país que le enviaba su familia es muy buen amigo pero yo lo bromeaba mucho a mi amigo kamala otro loco mas muy chistoso pero a veces muy menso este cuate, hace poco conocí por la internet a Josep es chino filipino español él vive en Queens new york él siempre me manda texto para saber cómo estoy y saludarme es una buena persona y le tengo aprecio y creo uno de las mejores personas que uno llano encuentra más así como yo siempre digo yo estoy abierto a seguir teniendo muchos amistades y amigos yo no me considero racista y me gusta tener amistades quizás de todo el mundo he conocido italianos hondureños salvadoreños australianos irlandeses argentinos españoles colombianos peruanos ecuatorianos bueno de todos lados yo soy muy honesto y amigable todos son bien venidos gracias.

Mis deseos

Mirando la vida de otra manera que cambio en 180 grados y hoy en día me he dado cuenta que en este mundo existe tanta maldad que más yo pudiera pedir que todos nos uniéramos y formáramos un mundo diferente donde hubiera mucha paz en el mundo y ser todos hermanos como dios quiere que todos nosotros seamos así por que dios nos ama a todos por igual y es bueno darles la mano a todos sin importa su origen en fin somos hijos de dio

Donde no me gustaría que existiera guerras el maltrato al menor tampoco violencia doméstica en fin nada negativo y que todos nos comprometiéramos a cuidar el planeta tierra y no destruyendo el medio ambiente con químicos porque contaminamos el agua para los cultivos y las peces marinos tampoco que no votemos la basura en los ríos y mares y parque por hay mucha gente tan ignorante que en vez de que cuiden el ambiente lo están destruyendo cada día y hay que ser conscientes y ayudar para vivir en un mundo mejor porque uno lo está contaminando por no saber lo que estamos haciendo en este mundo.

Hay que entender que nuestros países están ya contaminados por nosotros uno es responsables de ello, es mejor que ayudemos plantar árboles y cuidar los bosques para respirar aire fresco yo no estoy cobrando por hacer este anuncio aquí en mi historia sino me preocupa mucho nuestro planeta donde vivimos y espero podamos ayudar y un día me cuenten que todos han puesto de su parte para que de generación en generación aprendan a ser un mundo mejor cada día de nuestras vidas.

Quiero decirles a todos que están leyendo mi historia que seamos más cuidadosos y vivamos en la realidad del hoy y que uno puede poner de su parte para el futuro de nuestros hijos para que vivan en un mejor mundo saludable y enséñales hacer lo mismo a todos y educarlos de generación en generación por que si se puede si uno lo quiere hacer amigos familia mi gente los quiero y no olviden que donde hay higiene hay salud para todos

Y como yo sé que por esta razones contraemos enfermedades que nos conducen a la muerte, hoy en día saben cada día y más enfermos muriendo por epidemias y los tóxicos que estamos respiramos y no me gustaría que la atmosfera no estuviera contaminada por el descuido de cada uno de nosotros por favor mi gente espero todos apoyemos para vivir más saludable y que dios me los cuide a cada uno siempre y no olviden que todos tenemos un compromiso con nosotros mismos de ayudar y amar a tu prójimo, como también yo les mando mi saludo a cada uno de ustedes donde quiera que estén ya que todos nosotros somos la fuerza y formamos este mundo muchas gracias a todos, y quiéranse siempre y que dios los fortaleza y sobretodo que tengan mucha salud amen.

Mi familia

Yo vengo de una familia muy grande mis padres tuvieron 9 mujeres y 2 hombres en total de hijos somos 11 hermano pero muy orgullosos de nuestra familia y gracias a dios que mis padres pudieron sacarnos adelante con muchos sacrificios pero donde nos dieron educación y estudios hasta donde ellos pudieron por razones de dinero y tuvieron que trabajaron fuerte para darnos una mejor vida a mí y mis hermanos.

Ya que mis padres son personas muy humildes pero donde nos ensenaron a tener respecto a las personas y a la gente mayor mi padre trabajaba a veces hasta 17 horas casi todo el día yo casi no lo miraba en casa pero al igual mi madre también trabajaba honradamente para ayudar a mi padre a sacarnos adelante donde nos dieron lo mejor que ellos pudieron no lujo porque somos pobres pero si lo más valioso amor cariño yo estoy muy orgulloso de mi querida familia y les debo lo que ahora soy una persona de bien.

Pero si algo que hoy en día me arrepiento mucho al saber que mis padres luchaban fuertemente para sacarnos adelante yo en un tiempo me porte mal en la escuela no entraba a mis clases y reprobé una materia en segundo año de secundaria y me maestro me reportaron con mi madre en una junta escolar, donde mi tío me ensenaba esta materia de agricultura, la que yo no pase por irme de pinta con unos compañeros de mi grupo en esta época de adolecente.

Mi madre jamás supo esto porque yo se lo oculte siempre, pero mi tío me advirtió si no pasaba la materia se lo diré a tu mama por que no pasaste mi materia como olvidar que mi tío me regano mucho y me dijo ni creas que te voy a regalar las calificaciones nomas porque eres mi sobrino si tú quieres pasar y graduarte gánatelas estudiando por que nada es fácil en esta vida medio mucho coraje pero comprendí que tenía razón ya que mis padres trabajaban mucho y yo desaprovechando las oportunidades en esta vida.

Yo en ese entonces empecé a trabajar en el campo para ayudar a mis padres con mis libros, pasajes y cooperaciones me sentí muy bien y desde entonces me empecé hacer independiente yo mismo le eche ganas a estudiar y tratar de sacar un buen promedio para yo poderme graduar y después que yo estaba muy bajo en puntuación me recuperación y saque un promedio de 8.5 que en México es ya muy bueno, también me sorprendí cuando me gradué que recibir un diploma de los 15 más sobresaliente de mi salón no lo podía creer casi llore de la emoción por que cuando uno quiere todo se puede en esta vida.

A todos ustedes jóvenes nosotros tenemos nuestro futuro en nuestras manos hay que estudiar y lograr ser mejores yo no me considero perfecto pero he sabido levantarme desde muy abajo y luchar por lo que quiero y como les decía antes este es mi sueño por ahora y espero que pueda ayudar a mucha personas en un futuro con mis consejos de superación y nunca olviden de que la fe es lo más importante en cada uno de nosotros y todos podemos lograrlo si uno se lo propone.

Yo hoy en día estoy muy orgulloso de mis padres son un ejemplo a seguir y de superación donde solo recibí buenos modales y a ser una persona de bien y muy responsable en mi persona yo sé que les mentí pero ahora me doy cuenta que mis padres son lo más importante en mi vida y uno tenemos que respetarlos y ser honestos con ellos porque son los único que te darán buenos consejos y a tus padres quiéranlos mucho son lo mejor que uno tiene en esta vida y tu familia también.

yo soy un poco orgulloso como mi padre, nos gusta andar siempre bien limpio perfumado y vivir con mucha higiene yo a toda mi familia los quiero por igual y los amo son parte de mi vida, mis hermanas y mi hermano son lo mejor que dios me pudo dar todos somos muy unidos aunque también hay altas y bajas en la familia y problemas a veces muy personales pero yo me considero muy alegre y me gusta decir lo que siento y también a veces tengo mal genio pero eso si con un corazón noble y quiero al prójimo y gracias a dios que me ha permitido tener todavía a mis padres vivos y a mi familia hasta ahora es una bendición y también a mi hija mis sobrinos y sobrinas son parte de mi vida porque para mí todos son muy importantes en esta vida como familia que somos

Donde uno les demuestra el amor por los que tu más quieres en esta vida y estos son los nombre de mi querida familia de mis hermanas y mi hermano; Josefina Elena Lorenza Marta Gaby Martin Cristina Leonor Laura Paula y yo por favor nunca dejes de querer a tu familia porque son los únicos que jamás te dejaran solo cuando más los necesitas en tus fracasos y alegrías y enfermedades son los que siempre están contigo y te quieren de verdad ellos son mi orgullo y mi fuerza son lo más bello que dios me dio a mis hermanas y hermano y mis padres sepan que los amo mi querida familia Ramírez Sánchez.

Amar a los niños y ancianos

Como yo antes mencione los niños y los ancianos me interesan mucho ya que ellos necesitan más ayuda que uno y que no importe si son de tu familia porque al fin todos somos humanos y necesitamos de amor y cariño y compresión y más ellos que son tan indefensos los viejitos y los inocentes angelitos

Yo he mirado como hay demasiado niños con muchos problemas en esta vida y a veces son maltratados por su familias o padres y también a veces ni siquiera tiene estudios por que no los mandan a la escuela porque los ponen a trabajar para explotarlos a temprana hora y a veces ni un pedazo de pan para comer y se tienen que ir a dormir con hambre yo he llorado por estas situaciones y a veces yo les ofrezco a niños de lo que tengo medan mucha lastima ver esto, me pone a veces triste yo quisiera ayudarlos pero no tengo los medios ni soy rico y los que sí pueden son tan egoístas que solo piensan en ellos ni te regalan ni un plato de comida yo un tiempo yo vendía desayunos y lo que me sobraba lo repartía con mi amigo Rómulo él se los daba a gente que en verdad necesitaban era algo bonito hacer esto por tu prójimo pero cuando deje el trabajo donde yo trabajaba todas estas persona se quedaron sin ese pedazo de pan para comer me sentí mal pero también yo quería superarme y tuve que cambiarme de trabajo por un salario mejo pero no me olvido de ellos quizás algún día pueda ir a visitarlos y llevarles unas despensas a estas familias esta es otras de mis metas y ayudar a toda mi familia también.

También he mirado como a los ancianitos ya nadie se preocupan por ellos hasta hay familias que incluso los abandonan en los asilos de ancianos ni los vistan sus hijos o familias mi novia me conto que cuando visitaba un centro de ancianitos le contaban sus historias eran muy tristes porque sus familias los abandonaban solo por quedarse con su dinero solo son interesados cuando les hacer firmar la herencia los abandonan a su suerte yo y mi novia a veces llorábamos por tanta crueldad es feo que te hagan esto pero yo creo que ellos están mal y tarde o temprano también les pasara lo mismo por gente sin corazón y egoístas ellos no tenían cariño y nadie que les dijera te quiero esto me pone triste y no saben que a veces me gustara decirles a estas familias son uno descarados que no tienen sentimientos pero recuerden que todo en esta vida se paga

Yo y mi novia a veces lloramos juntos por estas injusticias con los ancianitos no puede ser que haya gente sin corazón si son lo más inocentes ellos y los niños ahora saben por qué yo cambie mi forma de pensar y en mi vida por que esta santa mujer que me enseno a querer al prójimo y ahora que ella ya no está yo quiero y tratare de ayudar lo más que pueda aunque sea con palabras de aliento que hagan sentir amado a todos estos viejitos y les pido a todos por favor den amor al que más lo necesitan yo ahora esto feliz conmigo mismo y vivo en paz en mi mente y corazón y recuerden que yo a ustedes los quiero también porque para mí no me importa quien seas tú sino lo que enverad vales en esta vida.

20

Carta a mi amor

Hola mi amor tú no sabes cuanta falta me haces tus consejos y que me escuches en cada momento, perdóname si alguna día te llegue a faltar el respeto pero como tu bien sabias que nadie es perfecto en esta vida, yo sé que tu desde el cielo me estas cuidando siempre y guiando por el camino correcto también quiero que sepas que fuiste la mejor mujer que yo encontré y a la que quise por ser muy sincera y honesta yo sé que te llegue a mentir a veces porque todavía pensaba en otra mujer cuando tú estabas a mi lado yo no sé cómo pedirte perdón mi amor pero te pido que me perdones por todo y aún más por no haber podido estar a tu lado y cuando caíste muy enferma y más cuando ya te estabas muriendo yo sé que los últimos pensamientos fueron para mi yo lo sentí así y ahora eso es lo que más he valoro de ti y pase lo que pase tu siempre estarás en mi corazón y jamás me olvidare de ti mi amor y si algún día yo rehiciera mi vida ten en cuenta que serás recordada como mi ángel que está ya en el cielo y como una estrella que alumbra mi camino para no caer en cosas malas y de peligro yo te amé eso lo supe cuando tu falleciste me di cuenta tarde que enverad te amaba y no lo sabía reconocer antes pero solo quiero que sepa que algún día nos llagaremos a ver en otra vida y para estar otra vez junto en reino de dios te amo y jamás te olvidare mi amor solo te pido que me cuides y me mandes a la mujer perfecta para mí como tu querías siempre para mi este es un adiós pero con un hasta pronto descansa en paz que yo te honrare toda mi vida ya que tú también fuiste la única que sabía todos mis secretos y me ensenaste a no tener rencor y ni odio a las personas que me hicieron daño tanto daño y saber perdonar tu muy bien sabias que tú y yo la pasábamos siempre súper junto y vivimos un amor limpio y sano donde solo existió un amor sincero y honesto pero eso sí muy celosa de mí y yo muy bilioso contigo pero si una relación muy buena y donde hubo mucho amor perdón por los malos momentos que te di a veces y quiero que dios te cuide mucho como a mí también amor y como olvidare cuando soné contigo que te fui a buscarte para reunirme contigo y tú me dijiste regrésate por que tu misión todavía no acabas y alguien que te necesita en la tierra y todavía no es tu momento al otro día mi amor mi amigo me conto que me estaba muriendo en mi cama y el salió en ese momento y solo escucho que me estaba ahogando y de pronto la cortina se callo es como si fue que alguien la tiro él se sorprendió y más cuando yo le dije si yo mire que ya me quería morir por que en mi sueño nos encontramos es difícil esto que alguien lo crea pero recuerda que yo siempre te dije de lo que pasaba y también soné tu muerte mi amor perdón pero el destino es así tu sabes cuánto te quería y ahora eres tú que me cuidas desde el cielo gracias amor nunca me olvidare de ti.

La discriminación ignorancia y envidia

A mí en lo personal no estoy de acuerdo que una persona discrimine a otra por su color origen o sexualidad o físico porque en fin todos somos iguales, yo he visto como hay muchas personas que se llegan a ensañar con gente y a mi también me ha tocado pasar por esto solo por tener diferente acento y color odio esto a que te traten como si fuera un delincuente y te digan que te regreses a tu país solo por ser hispano y por tener diferente color y origen o por tu sexualidad y que a veces te dicen que eres cochino mugroso latino como olvidar a un italiano americano que un día me prohibió hablar español por que aquí era américa yo le conteste yo soy mexicano bien orgulloso pero te recuerdo que yo pertenezco al continente americano así que no me vengas a decir lo que yo tengo que hacer.

Yo me moleste con este hombre y se fue muy enojado pero lo hice cambiar de opinion y después me saludaba y me respectaba recuerden que todos somos seres humanos y no importa de dónde seamos porque en fin todos somos iguales y sentimos feo porque somos seres humanos y espero que todos nos ayudemos unos a los otros por el vistear de cada uno y para que siempre te valla bien en tu vida

Yo creo que a todos nos duele que se nos traten mala de esta manera porque desde que yo he estado viviendo en este país solo es para superarme trabajar y ayudar a mis padres y ahora quiero que la gente entienda por fin que todos emigramos a este país para una vida mejor yo pienso también que dios nos mandó a este mundo fue porque a cada uno tiene una misión que cumplir y creo que este es el mío dar amor y hacerles entender que todos formamos este mundo y somos hijos de dios.

Mis deseos son que todo seamos realistas y tolerantes y aprendamos a querer a todas las personas ya sean de cualquier país en fin todos somos iguales y tenemos sentimientos y por favor tengan en cuenta que cuando uno acepta sus errores sana su alma y vives feliz sin remordimientos y en paz y donde tú puedes tener una familia que te quiera de verdad y te valoren por ser como tú eres y donde siempre exista el verdadero amor y tranquilidad.

También uno no puede sentir envidia hacía por los demás por que uno mientras tenga lo más importante que es la vida y hay que saberla vivir y disfrutar cada día y luchar y no ser acomplejados uno también puede tener todo lo que los demás tienen con sacrificios y trabajando honradamente ya ven que hay muchas personas con impedimentos físicos y aun son grandes personas en este mundo de superación y enseñanza para uno y de orgullo para mundo.

Quiero que sepan que si dios nos dio vida fue por que el quiso que uno aprendiera a amarnos uno a los otros y nos envió a cambiar el destino de cada uno y ayudar al mas necesitado dándoles consuelos y cariño y amor queriéndolos a todos en esta vida y quizás dándole lo que a ti te sobra al más necesitado.

También algo que me indigna mucho este mundo es cuando hay personas que no te permiten la expresión de la palabra por tu idioma para expresar lo que está sintiendo y quiere decir o comunicarte y tiene que callar por miedo al rechazo a los demás yo creo que mucha gente abusa de estas personas pero yo muy bien sé que esto no está escrito en las leyes que a una persona no le permitan expresarse también muchos no saben que las leyes nos protegen y uno puede demandar a otra persona por danos y perjuicios a tu persona por que todo mundo tiene derecho hablar sin importa tu idioma o lengua por que todos somos libres de expresarnos lo que sentimos y lo que uno quiere.

Yo quiero que entienda la gente no hay que discriminar nadie por su lengua o ya sea por su color origen seamos conscientes de que todos somos iguale otro tema que quiero compartir con ustedes que me he encontrado con amistades gay en Facebook o en new york y no los he rechazado por que he aprendido a respectarlos porque son buenas personas y no te hacen daño solo porque nacieron así con este defecto las sociedad los condena demasiado y se burla de ellos yo creo que también tienen derechos de ser libres de hacer ellos quieran yo sin pensar que el destino me puso en mi camino amistades gay.

Ahora yo he aprendido a ver las cosas de otra manera porque ellos son buena onda y son los que enverad te respectan te ayudan y son sincero contigo y solo su defecto es haber nacido como mi padre me dijo un día a veces ellos son más hombres que uno y dicen que uno algún día puede tener hijo así por burlarse de ellos pero en fin yo creo que nadie es perfectos en esta vida y como dijo Jesús que arroje la primera piedra el que esté libre de pecado yo espero que todos aprendamos el respecto a los demás porque es su vida de cada quien sin importar lo que sean porque en fin todos somos hijo de dios y yo sé que dios nunca discriminaría a nadie porque el ama a todos sus hijos.

La tolerancia

Que tristeza que hoy en día estén pasando demasiadas cosas muy feas es desagradable ver esto y aun mas que hay jóvenes convirtiéndose en asesinos y locos mentales hoy en día y recuerden que esto está pasando mas donde no hay amor ni cariño en su hogares y estos jóvenes buscan malos caminos y amistades que los llenan de odio y perjuicios como yo he venido diciendo antes padres póngale mas atención a sus hijos por favor.

Como olvidar las masacres de los estudiantes aquí en estados unidos como la de Colorado Georgia chicago Pennsylvania california etc. Y la más cruel y fea que paso hace poco y me partió mi corazón yo creo que también a muchos de nosotros la de newton Connecticut donde este individuo entro matando angelitos en esta escuela no sé qué está pasando en este mundo, por qué dios adonde están los padres que no ven lo que sus hijos están haciendo cada día yo estoy muy consternado con todo esto y me ha toca mi corazón muy fuerte es triste que un loco llegue y le quite la vida a gente inocente.

Como les decía antes estos locos asesinos mentales están cada día mas en las drogas y en caminos incorrectos por que no tienen amor en sus hogares por favor ya que esto acabe por el bienestar de nuestros hijos y por los que sufren nuestros también creo que el único que puede llamarte al reino es solo dios porque es el destino ya de cada uno vivir y morir algún día pero tú no eres nadie para quitarle la vida a un ser humano y le perdones la vida.

Espero todos ayudemos en sus comunidades o países para que el mundo cambie pronto para bien de todos y espero todos nos ocupemos de nuestros hijos en su educación física y emocional mental dándole mucho amor y tratar de conversar siempre con ellos que sepan que nos importan mucho y que fueron hijos deseados, para que ellos tengan armonía en sus hogares y en el mundo entero pero todos podemos hacer la diferencia ayudando a tu prójimo y a tus hijos y espero un mejor futuro por el bien de todos muchas gracias y no olviden que los quiero mi cariño es incondicional.

23

Lo mejor de mi vida

Estuve pensando mucho cual sería mi final de mi historia y decidí que fuera sobre mi princesa mi hija Jessica contar más de su vida creo que para mí es lo mejor que pude hacer y tomar este tema como mi desenlace ya que no fue fácil vivir separados por muchos años entre yo y ella ni para mí ni para ella.

Cuando mi ex esposa me dio la noticia de que estaba otra vez esperando un hijo, me emocione mucho porque de verdad quería un ser padre y deseaba tener un hijo de nuestro amor nuestro hijo fue deseado por los dos y como el primero niño que no llego a nacer porque ella casi se rueda por las escaleras cuando estaba embarazada de nuestro hijo yo he sabido que falle por falta de consejos que me hubieran enseñado hacer más responsable en estos casos pero mi ex esposa me ha acusado siempre que yo tuve la culpa y he pagado este precio muy caro pero yo sé muy bien que dios solo sabe porque pasan estas cosas yo quería ser padre ese era mi deseo y sé que mi hijo murió por falta de madurez mía y de ella y por no haberla llevado a tiempo al hospital yo sé que ahora estas en el cielo hijo y eres un angelito que me cuidas a mí y a tu mama y a tu hermana perdóname hijo tu sabes que yo también te quería mucho pero le diste tu lugar a tu hermana Jessica y ahora estoy orgullosa de ella en fin es mi princesa y tu un angelito en el cielo los amo a los dos.

Un 9 de junio del 1994 nació mi hija Jessica en el Brooklyn hospital como olvidar ese momento fue muy tardado el parto y también mi hija nos hizo ir muchas veces al hospital como le dio mucha lata a su madre para nacer pero felices porque ya estaba a punto de nacer nuestra hija la esperábamos con mucho amor y después de muchas hora casi toda la noche salió la enfermera y me llamo para que firmar unos documentos y como mi ex esposa era menor de edad tuvimos que mentir esa vez que yo solo era su primo para no tener problemas con la justicia y yo podía ir a la cárcel por ella solo tenía 16 años y yo 21 ella era menor de edad

Cuando mi hija fue creciendo yo y ella nos poníamos a jugar mucho a la pelota y también le gustaba mucho jugar al caballito ósea en mi estómago y yo brincando para que ella se divirtiera también a la bicicleta con nuestros pies de cada uno era muy tremenda mi hija de niña le gustaba morderme mis pezones que todo lo que yo así ella me imitaba si hacia ejercicios ella también quería hacer de todo le gustaba y como extrañaba a mi hija cuando fue niña también como recuerdo que a ella le gustaba posar para las fotos como si fuera modelo también y le gustaba mucho cantar se aprendía los temas de las novelas yo pensé que de grande podría ser cantante famosa o modelo y mi amigo Rómulo me dijo una vez inscríbela en una escuela de modelaje y el decía que era una muñequita porque mi hija de niña fue muy bella como ahora también.

Cuando su madre se fue de mi lado yo la estrenaba mucho todos los días y pensaba en ella si comía o si no estaría enferma o si la maltrataba donde vivía como olvidar que era muy fuerte mi angustia y dolor que sentía por ella y solo le pedía a dios pronto verla tenía ganas de besarla y abrasar a mi hija pero todo era silencio en mi casa me quede solo porque todos se fueron y me quede viviendo entre cuatro paredes era muy feo al no saber nada de mi hija y en soledad deberá es lo peor que a uno le puede pasar uno a veces se deprime y hasta piensa en malas cosas pero lo suplicaba a dios que me fortaleciera para ya no sufrir más yo le preguntaba a mi compadre el padrino de mi hija que me dijera en donde estaban pero nunca quiso decirme la verdad porque ella le prohibió decirme.

Un día mi ex esposa se comunicó conmigo y me dijo que estaba bien porque se había enterado que yo las estaba buscando por mi hija y converso por teléfono está bien yo te voy a dejar ver a tu hija pero con una condición no quiero que me la vallas a quitar o quieras huir yo le conteste como tu puede pensar así yo lo que quiero es lo mejor para ella y lo único que quiero ver a mi hija me hace mucha falta y creo que también yo a ella y llegamos a un acuerdo yo la recogía los viernes cuando salía del trabajo y se me quedaba hasta el domingo en la tarde pero yo y mi hija disfrutábamos esos dos días y ella se sentía feliz con migo porque yo siempre la apoye mucho y me gane su cariño a la buena.

Cuando mi hija venía a mi casa yo la recogía con su nana Levi una colombiana que era muy buena persona y solo la cuidaba cinco días mientras ella trabajaba y ella se encargaba de llevaba a la escuela también y mi hija le gustaba pasar los fines de semana con migo y su tía Laura y su prima Daisy a veces mi hija me pedía que la peinara yo no sabía mucho de eso pero aprendí un poco por amor a mi hija y también le cocinaba lo que más le gustaba arroz con leche y sopa con pollo yo le traía ensalada de fruta o sándwich pero sin queso mi hija era muy especial que emoción como olvidar que también le gustaba bailar a ella y a su prima Daisy y se pasaban jugando ellas siempre mi hija le decía a su tía Laura que se sentía mejor con nosotros que en casa de su mama.

Una vez mi hermano Martin su tío le pregunto qué le gustaría para que santa le trajera de regalo de navidad y ella le contesto quiero a mis papas estén juntos otra vez para siempre eso es lo que yo quiero tío para mí fue muy doloroso y me puse a llorar cuando mi hermano me lo dijo por esto porque era duro pero mi hija esto deseaba como su regalo y ni su deseo se lo podía cumplir por que no solo se trataba de mí y eso fue lo que le dije a mi ex esposa hay que pensar en ella antes de tomar nuestra decisiones y me sorprendí mucho porque solo era una niña de 4 añitos es fuerte esto y que más hubiera querido yo yo si fuera mi decisión solo mía.

En otra ocasión mi hija le dijo a su tía Laura porque mi papa toma mucho cuando yo estoy aquí es acaso que no me quiere y solo me trae para que yo este sola y el siempre el este borracho y no puedo disfrutar a su lado de mi papa, que feo fue ese día me sentí el peor de los padres y podría perder a mi única hija que tanto me quería yo tome la decisión de cambie por mi hija porque me dio una lección y converse un día con los supuestamente que eran mis amigos hay que decir entre comillas yo ya pensé y voy a dejar este vicio por mi hija esto se acabó ya para mí por favor respecten mi decisión pero las puertas de mi casa están abiertas para ustedes y me pueden visitar cuando quieran y que cosas del destino me di cuenta que jamás fueron mis amigos y todos se alejaron de mi un día pero no me arrepentir por que pude hacer entender a mi hija que ella era lo más importante en mi vida y deje este maldito vicio para siempre por que si se puede cuando uno se lo propone.

Cuando mi hija ya tenía 8 años se mudaron para Pensilvania ella y su mama pero antes ella me dijo papi no quisiera irme me quiero quedar contigo porque soy muy feliz contigo y mi tía Laura y mi prima

Daysi y llano poder verte más dile a mi mama que me deje contigo me dolió mucho separarme otra vez de mi hija pero yo le dije tu estas siempre en mi corazón y tendrás que irte aunque yo tampoco quiero en fin es a tu mama con la que tienes que estar por ley y amas ella ya decidió mudarse pero hija no te preocupes yo siempre te llamare y estaré al pendiente contigo me dolió mucho ella se fue triste y con sus ojitos llorosos yo también quería llorar en ese momento pero me aguante por que no quería que me viera llorar y sufriera mi hija porque para mí era muy doloroso este adiós.

Tamicen como olvidar que un día me envió una carta que me escribió done ella decía tu eres el mejor padre del universo y te quiero mucho dad y también me mando una foto donde tenía casi 9 años cerca de un rio en York Pensilvania en la ciudad que viven pero nunca hemos déjanos de llamarnos y tener comunicación yo y ella y siempre me contaba de su escuela y todo lo que se ganaba en sus estudios los diplomas y trofeos para mi era una noticia de alegría y de orgullo que a pesar de todo era una estudiante brillante.

Cuando mi hija teñí 16 años se enamoró de su primer novia un muchacho mexicano que vivía en Maryland y viajaba para visitarla como a dos horas en su carro y su mama le dio el permiso de tener a su novio pero mi hija ya tenía ganas de juntarse con él y ella no le gusto y se molestó mucho con ella hasta el grado de abusar de su propia hija y le prohibió muchas cosas a mi hija no salir ya con él y un día mi hija me llamo de como su madre la trataba mucho y el muchacho converso con migo también y me conto que su mama de mi hija la trata como si ella fuera su criada y por esta razón yo quería casarme ya con ella señor pero yo le conteste te agradezco que quieras a mi hija pero yo creo que está muy joven para ya casarse yo no les prohíbo nada pero tampoco les doy permiso para que se casen y como tu bien sabes ella es menor de edad yo no me opongo pero yo quiero lo mejor para mi hija y quiero que lo haga hasta que sea una mujer madura y responsable después yo y mi hija conversamos mucho y me pidió perdón por lo que iba hacer yo le conteste yo no soy nadie para perdonarte porque yo también te he fallado pero si te entiendo y nunca te prohibiré que tengas novio pero vas hacer las cosas bien y a darte a respectar y casarte bien es lo que yo deseo para ti.

Después a su novio lo deportaron porque emigración lo arresto cuando el tubo un accidente con su carro y le dio un plazo para salir del país y mi hija se quedó muy triste porque lo quería mucho y su novio ya estando en México un día le dijo porque tu no hiciste nada por mí para ayudarme y que el ya no estaba seguro que la quería y mi hija le contesto porque tú dices eso si yo por defenderte hasta mi madre me castigaba por ti pero él le dijo yo no estoy seguro de nada yo mañana te digo si todavía te quiero o no y el la llamo al otro día y le dijo nuestra relación ya se acabó porque me di cuenta que no te quiero ya mi hija me llamo llorando y me dijo papi Jorge me dejo ya no quiere nada conmigo yo le dije no llores hija quizás él está confundido y en verdad él te quiere porque yo sé que él te quería mucho el mismo me lo dijo pero ella me conto que se enteró que tenía otra novia en México y le mandaba mensajes solo para molestarla hasta un día él le dijo que no valía nada mi hija me dio mucho coraje y le dije hija no llores por alguien que solo te está humillando es mejor así y tu algún día encontraras a alguien que te valore de verdad ella me contesto él era mi gran amor papi y lo quería de verdad y el solo jugo con migo yo le respondí si hija yo teniendo pero no pienses así tu vales mucho y lo único que quiero que estés bien hija y no cometas una tontería por él y así paso el tiempo ella se deprimió por él y yo sufría por mi hija no mu gustaba por lo que yo pase tambièn hasta una de sus amigas le decía bonita why you don't smille any more me preocupaba mucho no quería que fuera hacer algo malo como quitarse la vida como su madre lo hizo una vez y también en vez que su madre la apoyara en estos días difíciles a ella le dio gusto que Jorge acabo su relación con mi hija como puede ser así su propia madre acaso no quiere a su hija esto no me gustó mucho tal parece que ella tubo de acuerdo con él y tuvo que ver algo para su separación con Jorge.

También antes de pasar esto con mi hija vino para new jersey a la casa de sus tías Laura y Paula y también me vino a visito aquí en new york y me pregunto muchas cosas que su medre le dijo de mi todas eran de horror y de vergüenza y no entiendo por qué ella decirle esto a mi hija de que mi madre y mi familia decía que ella no era mi hija que yo maltrate mucho a su mama que tuve una amante y hasta que tuve un novio porque yo era gay como odio a esta gente que dicen mentiras o juzgan si conocer a uno yo le respondí a mi hija todo esto es mentira porque tu mama no te dijo lo que ella ha hecho mi hija me respondió papi yo lo sé todo aunque yo era una niña me recuerdo muchas cosas de ella como que se quiso quitar la vida cuando un novio la dejo y muchas cosas más yo le dije hija te pido por favor yo sé que tu madre se ha portado mal contigo pero en el fondo ella te quiere mucho para que

mi hija nunca sientas rencor y odio por su madre por todo lo que le
ha hecho y mi hija me contesto si papa no se preocupe yo los quiero
mucho a los dos pero también yo le quiero decir algo no me importa
su usted fuera gay porque yo lo seguiría queriendo como siempre eso
no cambiaría para mí eso es cuando uno siembra algo bien y lo cosecha
ahora mi hija me ha enseñaba algo ser humilde y honesta y no me he
equivocado con ella es lo mejor de mi vida te quiero mucho mi princesa
mi más grande orgullo y ahora también espero pronto sea una gran
sicologia ya que esta es su carrera que ella eligió para ayudar a la familia
y también por ser muy independiente aunque yo trato de ayudarle lo
más que puedo gracias hija por darme la oportunidad de ser padre y te
deseo lo mejor y espero seas feliz algún día y te cases con tu novio juan
si ese es tu deseo son los deseos de tu padre que te ama mucho.

Gracias

A todos los que les intereso mi historia muchas gracias y a mi familia y amigos, por sus buenos deseos y su apoyo incondicionales espero les haya gusto mi historia a todos gracias mis queridos lectores les digo algo hoy en día hay que valorar lo que uno tiene a su lado porque el tiempo pasa y no regresa más, y ahora es cuando se demuestra lo que uno siente en verdad y también quiero agradecer a la editora por su trabajo y su interés por hacer esto realidad y la editorial que estuvo siempre apoyándome con este proyecto por su inalcanzable trabajo y su valioso tiempo con migo gracias de verdad no tengo palabras para expresarles mis agradecimientos que dios te lo page con amor y felicidad y sobre todo paz y salud.

Escrita Cipriano Ramirez Sanchez
Brooklyn New York
ramirez,cipriano191@gmail.com